中等职业教育汽车专业技能课教材

汽车车身电气设备检修
（第2版）

全国交通运输职业教育教学指导委员会　组织编写
中　国　汽　车　维　修　行　业　协　会

占百春　徐兴振　主　编
许文杰　副主编

人民交通出版社股份有限公司
北京

内 容 提 要

本书是中等职业教育汽车专业技能课教材,主要内容包括:正确使用汽车车身电气设备、检测维修汽车照明系统及喇叭系统、检测维修汽车信号系统、检测维修汽车电动刮水系统、检测维修汽车电动车窗系统、检测维修汽车仪表系统、检测维修中控门锁和防盗系统。

本书可以作为中等职业学校汽车专业教材,也可以作为职业技能培训和其他从事相关专业人员的参考书。

图书在版编目(CIP)数据

汽车车身电气设备检修/占百春,徐兴振主编. — 2 版. —北京:人民交通出版社股份有限公司,2021.12
ISBN 978-7-114-17636-4

Ⅰ.①汽⋯ Ⅱ.①占⋯ ②徐⋯ Ⅲ.①汽车—车体—电气系统—车辆检修—中等专业学校—教材 Ⅳ.①U472.41

中国版本图书馆 CIP 数据核字(2021)第 189549 号

书　　名:	汽车车身电气设备检修(第2版)
著 作 者:	占百春　徐兴振
责任编辑:	时　旭
责任校对:	孙国靖　卢　弦
责任印制:	张　凯
出版发行:	人民交通出版社股份有限公司
地　　址:	(100011)北京市朝阳区安定门外外馆斜街 3 号
网　　址:	http://www.ccpcl.com.cn
销售电话:	(010)59757973
总 经 销:	人民交通出版社股份有限公司发行部
经　　销:	各地新华书店
印　　刷:	北京市密东印刷有限公司
开　　本:	787×1092　1/16
印　　张:	11.5
字　　数:	191 千
版　　次:	2017 年 3 月　第 1 版 2021 年 12 月　第 2 版
印　　次:	2023 年 9 月　第 2 版　第 2 次印刷　总第 6 次印刷
书　　号:	ISBN 978-7-114-17636-4
定　　价:	30.00 元

(有印刷、装订质量问题的图书,由本公司负责调换)

编审委员会

主　　任：王怡民（浙江交通职业技术学院）

副 主 任：刘建平（广州市交通运输职业学校）　　杨经元（云南交通技师学院）
　　　　　赵　琳（北京交通运输职业学院）　　　　张京伟（中国汽车维修行业协会）
　　　　　陈文华（浙江交通职业技术学院）　　　　王凯明（中国汽车维修行业协会）

特邀专家：朱　军（中国汽车维修行业协会）　　　　魏俊强（北京祥龙博瑞汽车服务有限公司）
　　　　　张小鹏（庞贝捷漆油（上海）有限公司）　刘　亮（麦特汽车服务股份有限公司）

委　　员：(按姓氏笔画排序)
　　　　　毛叔平（上海市南湖职业学校）　　　　　王　健（贵阳市交通技工学校）
　　　　　王彦峰（北京交通运输职业学院）　　　　王　强（贵州交通职业技术学院）
　　　　　占百春（苏州建设交通高等职业技术学校）刘新江（四川交通运输职业学校）
　　　　　刘宣传（广州市公用事业技师学院）　　　齐忠志（广州市交通运输职业学校）
　　　　　吕　琪（成都工业职业技术学院）　　　　李　青（四川交通运输职业学校）
　　　　　李雪婷（成都汽车职业技术学校）　　　　李春生（广西交通技师学院）
　　　　　李文慧（新疆交通职业技术学院）　　　　李　晶（武汉市东西湖职业技术学校）
　　　　　陈　虹（浙江交通技师学院）　　　　　　陈文均（贵州省交通运输学校）
　　　　　陈社会（无锡汽车工程高等职业技术学校）张　炜（青岛交通职业学校）
　　　　　杨永先（广东省交通运输高级技工学校）　杨承明（杭州技师学院）
　　　　　杨建良（苏州建设交通高等职业技术学校）杨二杰（四川交通运输职业学校）
　　　　　陆松波（慈溪市锦堂高级职业中学）　　　何向东（广东省清远市职业技术学校）
　　　　　邵伟军（杭州技师学院）　　　　　　　　周志伟（深圳市宝安职业技术学校）
　　　　　林育彬（宁波市鄞州职业高级中学）　　　易建红（武汉市交通学校）
　　　　　林治平（厦门工商旅游学校）　　　　　　胡建富（浙江交通技师学院）
　　　　　赵俊山（济南理工中等职业学校）　　　　荆叶平（上海市交通学校）
　　　　　郭碧宝（广州市交通技师学院）　　　　　姚秀驰（贵阳市交通技工学校）
　　　　　崔　丽（北京市丰台区职业教育中心学校）曾　丹（佛山市顺德区中等专业学校）
　　　　　蒋红梅（重庆市立信职业教育中心）　　　喻　媛（柳州市交通学校）

第2版前言
Preface

本套由全国交通运输职业教育教学指导委员会、中国汽车维修行业协会组织编写的教材,自2017年3月出版以来,多次重印,被全国多所中等职业学校选为教学用书,受到了广大师生的好评。

为了体现职业教育理念,贴近汽车运用与维修专业实际教学目标,促进"教、学、做"更好地结合,突出对学生实践能力的培养,使之成为技能型人才,2020年11月,人民交通出版社股份有限公司吸取教材使用学校的意见和建议,组织相关老师,经过认真研究和充分讨论,确定了修订方案,对本套教材进行了修订。通过教材修订,使教材在结构和内容上与教学内容更加吻合。

《汽车车身电气设备检修(第2版)》是其中的一本。此次修订内容如下:

1. 根据最新国家标准《机动车安全运行技术条件》(GB 7258—2017)对部分内容进行了修订,增加了新标准技术要求;
2. 根据新款科鲁兹车辆特点,增加了灯光、防盗等系统的新技术内容;
3. 更换了不清晰的操作示范图片,优化了故障诊断的检测步骤;
4. 修订了配套电子课件,供教师参考及教学使用。

本书由苏州建设交通高等职业技术学校占百春、徐兴振担任主编,许文杰担任副主编。参加编写的还有苏州建设交通高等职业技术学校王珊珊、邱斌、李蒋三位老师,王珊珊主要根据现行国家标准对原有的内容进行修改,邱斌主要负责新功能、新技术内容的介绍,李蒋主要负责原书中图片和文字的调整。

限于编者水平,书中难免有不当之处,敬请广大院校师生提出意见和建议,以便再版时完善。

作 者

2021年8月

第1版前言

 为深入贯彻落实全国职业教育工作会议精神和《国务院关于加快发展现代职业教育的决定》，促进职业教育专业教学科学化、标准化、规范化，教育部组织制定了《中等职业学校专业教学标准（试行）》。全国交通运输职业教育教学指导委员会具体承担了汽车运用与维修（专业代码082500）、汽车车身修复（专业代码082600）、汽车美容与装潢（专业代码082700）、汽车整车与配件营销（专业代码082800）4个汽车类专业教学标准的制定工作。

 根据教育部《关于中等职业教育专业技能课教材选题立项的函》（教职成司函〔2012〕95号）文件精神，人民交通出版社申报的上述4个汽车类专业技能课教材选题成功立项。

 2014年10月，人民交通出版社联合全国交通运输职业教育教学指导委员会、中国汽车维修行业协会在北京召开了"教育部中等职业教育汽车专业技能课教材编写会"，并成立了由全国交通运输职业教育教学指导委员会领导、中国汽车维修行业协会领导、知名汽车维修专家及院校教师组成的教材编审委员会。会上，确定了4个汽车类专业34本教材的编写团队及编写大纲，正式启动了教材编写。

 教材的组织编写，是以教育部组织制定的4个汽车类专业教学标准为基本依据进行的。教材从编写到成稿形成以下特色：

 1."五位一体"的编审团队。从组织编写之初，就本着"高起点、高标准、高要求"的原则，成立了由国内一流的院校、一流的教师、一流的专家、一流的企业、一流的出版社组成的五位一体的编审团队。

 2.精品化的内容。编审团队认真总结了中职院校的优秀教学成果，结合了企业的职业岗位需求，吸收了发达国家的先进职教理念。教材文字精练、插图丰富，尤其是实操性的内容，配备了大量实景照片。

 3.理实一体的编写模式。教材理论内容浅显易懂，实操内容贴合生产一线,将知识传授、技能训练融为一体,体现"做中学、学中做"的职教思想。

4. 覆盖全国的广泛适用性。本套教材充分考虑了全国各地院校的分布和实际情况,涉及的车型和设备具有代表性和普适性,能满足全国绝大多数中职院校的实际需求。

5. 完善的配套。本套教材包含"思考与练习""技能考核标准",并配有电子课件和微视频,以达到巩固知识、强化技能、易教易学的目的。

《汽车车身电气设备检修》是本套教材中的一本。与传统同类教材相比,本书打破了教材传统的章节体例,以任务驱动形式,将汽车车身电气设备进行逐一讲述,内容主要包括正确使用汽车车身电气设备、检测维修汽车照明系统及喇叭系统、检测维修汽车信号系统、检测维修汽车电动刮水系统、检测维修汽车电动车窗系统、检测维修汽车仪表系统、检测维修汽车中控门锁与防盗系统共七个任务,十八个活动。适合在新教改背景下中职学校的汽车运用与维修专业学生学习,整个学习过程既可相互连接,也可根据各学校的教学条件单独选择。

本书的编写分工为:苏州建设交通高等职业技术学校的徐兴振编写了任务1、任务3,苏州建设交通高等职业技术学校的王珊珊编写了任务2、任务4,苏州建设交通高等职业技术学校的邱斌编写了任务5,苏州建设交通高等职业技术学校的李蒋编写了任务6,苏州建设交通高等职业技术学校的许文杰编写了任务7。全书由苏州建设交通高等职业技术学校的占百春担任主编,徐兴振担任副主编。

限于编者水平,又是完全按照新的教学标准编写,书中难免有不当之处,敬请广大院校师生提出意见和建议,以便再版时完善。

编审委员会
2016 年 3 月

目 录
Contents

学习任务 1　正确使用汽车车身电气设备 …………………………… 1
　一、理论知识准备 ……………………………………………………… 1
　二、任务实施 …………………………………………………………… 3
　三、评价与反馈 ………………………………………………………… 9
　四、技能考核标准 ……………………………………………………… 10

学习任务 2　检测维修汽车照明系统及喇叭系统 ……………………… 12
　一、理论知识准备 ……………………………………………………… 13
　二、任务实施 …………………………………………………………… 26
　三、学习拓展 …………………………………………………………… 37
　四、评价与反馈 ………………………………………………………… 41
　五、技能考核标准 ……………………………………………………… 42

学习任务 3　检测维修汽车信号系统 ………………………………… 44
　一、理论知识准备 ……………………………………………………… 45
　二、任务实施 …………………………………………………………… 54
　三、学习拓展 …………………………………………………………… 67
　四、评价与反馈 ………………………………………………………… 69
　五、技能考核标准 ……………………………………………………… 70

学习任务 4　检测维修汽车电动刮水系统 …………………………… 72
　一、理论知识准备 ……………………………………………………… 73
　二、任务实施 …………………………………………………………… 80
　三、学习拓展 …………………………………………………………… 95
　四、评价与反馈 ………………………………………………………… 97
　五、技能考核标准 ……………………………………………………… 98

学习任务 5　检测维修汽车电动车窗系统 …………………………… 101
　一、理论知识准备 ……………………………………………………… 102
　二、任务实施 …………………………………………………………… 113
　三、学习拓展 …………………………………………………………… 123

四、评价与反馈 ……………………………………………………………… 128
　　五、技能考核标准 …………………………………………………………… 129

学习任务 6　检测维修汽车仪表系统 ………………………………………… 132
　　一、理论知识准备 …………………………………………………………… 133
　　二、任务实施 ………………………………………………………………… 141
　　三、学习拓展 ………………………………………………………………… 143
　　四、评价与反馈 ……………………………………………………………… 145
　　五、技能考核标准 …………………………………………………………… 146

学习任务 7　检测维修中控门锁和防盗系统 ………………………………… 148
　　一、理论知识准备 …………………………………………………………… 149
　　二、任务实施 ………………………………………………………………… 164
　　三、学习拓展 ………………………………………………………………… 169
　　四、评价与反馈 ……………………………………………………………… 170
　　五、技能考核标准 …………………………………………………………… 171

参考文献 ………………………………………………………………………… 173

学习任务1　正确使用汽车车身电气设备

学习目标：

☆知识目标

1. 叙述电气系统的发展历程；
2. 概括车身电气设备的组成与作用。

☆技能目标

1. 正确操作各种车身电气设备；
2. 为客户提供正确使用车身电气设备的建议。

建议课时：

6课时。

车身电气设备包含很多系统,各系统的工作存在一定的独立性。通过本任务的学习,使学生能够熟练地使用各种车身电气设备,并且对车身电气设备建立比较全面的认识。

一　理论知识准备

车身电气设备是汽车的重要组成部分,其性能会直接影响到汽车的使用性能,如为了保证汽车工作可靠、行驶安全,需要各种指示仪表、信号装置和照明等电气设备正常工作。正确使用车身电气设备能够延长各种电气设备的使用寿命,并能有效避免因电气设备的损坏而引发的安全问题。

自1886年世界上第一辆汽车在德国问世以来,经过百余年的发展,汽车工业取得了巨大的发展,汽车技术也在不断地进步。

早期的汽车上根本没有电气装置。大约在1900年,随着磁电动机的发展及在汽车技术上的应用,才出现了电点火,继而出现了感应线圈点火装置。1912年,照明装置和起动机被研制出来。20世纪50年代中期,由于将汽车电气系统的电压改为12V,从而使汽车上的电气装置安全可靠、效率提高。

随着电子工业的发展,电子技术在汽车上的应用越来越广泛,传统的电气设备面临着巨大的冲击。汽车电子技术始于20世纪60年代,其发展大致分为四个阶段:

(1)汽车电子技术发展的初级阶段:20世纪50年代—20世纪60年代是汽车电子技术发展的初级阶段,一些汽车厂家开始研发单一的电子零部件,用于改善汽车某些机械部件的性能。

(2)汽车电子技术迅速发展阶段:20世纪70年代初期—20世纪80年代中期是汽车电子技术迅速发展阶段,该阶段主要开发汽车各系统专用的独立控制部分,将电子装置应用于某些机械装置无法解决的复杂控制功能方面。

(3)电子技术逐渐向智能化发展阶段:20世纪80年代中期—20世纪90年代中期是微型计算机在汽车上的应用日趋成熟并向智能化发展的阶段。该阶段主要开发可完成各种功能的综合系统及各种汽车整体系统的微型计算机控制。

(4)电子技术向智能化、网联化、自动化发展的阶段:20世纪90年代中期至今是汽车电控技术向汽车智能化、网联化、自动化发展的阶段。微型计算机运算速度和存取位数大大提高,网络和通信技术迅速发展,车辆的智能控制和网络控制技术应运而生。

国内外汽车专家一致认为,今后汽车行业的竞争就是汽车电子技术的竞争,汽车电子领域的重点发展方向为系统模型、电源系统、多通道信息处理系统、汽车软件和故障自诊断等关键技术。

现代汽车的电气设备种类和数量都很多,但总的来说,可大致分为三部分:电源、用电设备、全车电路及配电装置。

(一)电源

汽车共有两个电源:蓄电池和发电机。发动机不工作时,由蓄电池供电;发动机工作后,由发电机供电。

（二）用电设备

用电设备由多个系统组成,其中属于车身电气设备的主要有以下几个系统。

电源系统原理

❶ 照明系统

照明系统包括车外和车内的照明灯具,提供车辆夜间安全行驶所必需的照明。

❷ 信号系统

信号系统包括音响信号和灯光信号,提供安全行车所必需的信号。

❸ 组合仪表系统

组合仪表系统用来监测发动机和汽车的工作情况,使驾驶员能够及时了解发动机及汽车运行的各种参数,并发现异常情况,确保汽车正常运行。

❹ 辅助电气系统

辅助电气系统包括风窗玻璃刮水器和清洁器、电动车窗、电动后视镜、中央门锁、防盗装置等。辅助电气设备的功能主要是增加操作的舒适性和安全性,车辆的豪华程度越高,辅助电气设备也越多。

不同车型装备的车身电气设备尽管有所不同,但是汽车电路有一些基本的共同点：

(1)汽车电路采用低压直流电。目前汽油车普遍采用12V电压,中、重型柴油车因起动机功率大,所以多采用24V电压。

(2)大多数采用单线制供电,利用车身的金属机体作为搭铁回路。

(3)各用电设备的电路均采用并联方式连接,并受各自的开关控制。

(4)大量使用继电器。继电器是控制开关的保护装置,一般是利用开关控制继电器,再由继电器控制用电设备。

二 任务实施

❶ 准备工作

(1)科鲁兹轿车维修手册。

(2)科鲁兹轿车。

❷ 技术要求与注意事项

(1)查阅维修手册,根据维修指导进行操作。

(2)正确使用汽车车身电气设备。

3 操作步骤

1)车辆进入

在进入驾驶室之前,需要使用合法钥匙打开车门,也可以通过按下遥控器上的开锁开关来打开车门,如图1-1、图1-2所示。

图1-1　使用合法钥匙打开车门　　　图1-2　使用遥控器打开车门

对安装有防盗系统的车辆,如果使用非法钥匙打开车门,将触发警报。

在使用部分电气设备的过程中,需要插入点火钥匙并转至相应的位置,因此,需要了解点火开关各挡位的功能。科鲁兹轿车点火开关挡位如图1-3所示。

"LOCK"挡——锁止挡,发动机停止运转且转向盘被锁定,只有在该位置上才能取下钥匙。

"ACC"挡——附件挡,可以操作收音机等附属设备,但发动机停止运转。

"ON"挡——点火挡,可以操作所有的附属设备,是正常驾驶时的挡位。

"START"挡——起动挡,用于起动发动机,释放后钥匙将回到"ON"的位置。

2)照明系统的使用

(1)使用驻车灯、尾灯、牌照灯、前照灯。

转动前照灯开关,分别至位置1、位置2后停止,如图1-4所示。

根据你的观察,请说明开关在位置1时,哪些灯被点亮?开关在位置2时,哪些灯被点亮?仪表盘上 ƎOᴄ 在开关位于位置1和位置2时都亮吗?

车灯开关使用

学习任务1　正确使用汽车车身电气设备

图1-3　点火开关的挡位

图1-4　转动前照灯开关

开关在位置1时,示廓灯被点亮、仪表盘上指示灯被点亮。开关在位置2时,前照灯、示廓灯和仪表盘上指示灯同时被点亮。

将开关保持在图1-4所示的位置2上,前后拉动前照灯/转向信号灯杆,如图1-5所示,观察前照灯照射光线的变化。

相比于位置2,灯杆处于位置1时,照射光线更远。

灯杆的位置3与位置1、2有什么不同？仪表盘上 ≣▷ 始终都亮吗？

开关在位置1时为远光,在位置2时为近光,在位置3时为超车功能。开关在位置3和位置1时,仪表盘上 ≣▷ 点亮。

（2）使用后雾灯。

后雾灯与前照灯开关所处的位置有一定的关联,后雾灯开关如图1-6所示。通过改变前照灯开关的位置,在不同情况下按下后雾灯开关,观察后雾灯是否被点亮。

转动前照灯开关至位置1上,打开后雾灯开关,后雾灯才能点亮。

图1-5　前后拉动前照灯/转向信号灯杆

图1-6　后雾灯开关

3）信号系统的使用

（1）使用转向信号灯。

插入点火钥匙并转至"ON"位置,向上或向下拉动前照灯/转向信号灯杆至位置1,如图1-7所示,观察转向信号灯是否闪亮。

信号系统组成

向上拉动前照灯/转向信号灯杆至位置1时,右转向灯闪亮,表示右转向。

向下拉动前照灯/转向信号灯杆至位置1时,左转向灯闪亮,表示左转向。

（2）使用危险报警闪光灯。

按下危险报警闪光灯开关,如图1-8所示,观察所有转向灯的工作情况并记录。

图1-7　向上或向下拉动前照灯/转向信号灯杆

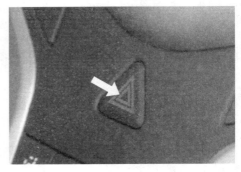

图1-8　按下危险报警闪光灯开关

小提示

危险报警闪光灯的工作不受点火开关控制,当按压下开关后所有转向灯均闪亮。

（3）使用制动灯和高位制动灯。

踩下制动踏板,如图1-9所示,观察制动灯和高位制动灯是否被点亮。

学习任务1 正确使用汽车车身电气设备

(4)使用倒车灯。

保持点火钥匙在"ON"位置,踩下制动踏板,并将变速器操纵杆推至"R"挡(倒挡),如图1-10所示,观察倒车灯是否被点亮。

图1-9 踩下制动踏板

图1-10 倒挡

4)辅助电气系统的使用

(1)使用风窗玻璃刮水器和清洁器。

风窗玻璃刮水器和清洁器开关如图1-11所示。科鲁兹轿车的刮水器有快速刮水、慢速刮水、间歇刮水、手动刮水等功能。插入点火钥匙并转至"ON"位置,根据图示改变刮水器和清洁器开关的位置,观察刮水器转动速度的变化。

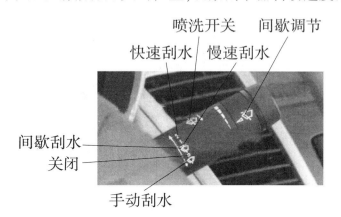
图1-11 风窗玻璃刮水器和清洁器开关

向内拉动刮水器和清洁器开关时,清洗器将清洗液喷射到风窗玻璃上。

(2)使用电动车窗。

驾驶员侧电动车窗开关如图1-12所示。保持点火钥匙在"ON"位置,轻轻按下或上拉开关,观察车窗玻璃是否打开或关闭。

将开关完全按下或完全拉起,比较车窗玻璃的升降情况与轻轻按下或上拉开关时,车窗玻璃的升降情况有什么不同?车窗锁止开关的作用是什么?

图 1-12　驾驶员侧电动车窗开关

按下车窗开关时,车窗玻璃降落;拉起车窗开关时,车窗玻璃升起,锁止后排车窗玻璃升降。

(3) 使用电动门锁。

电动门锁开关如图 1-13 所示。保持点火钥匙在"ON"位置,操作电动门锁开关,观察电动门锁的工作情况。

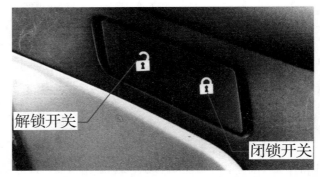

图 1-13　电动门锁开关

使用电动门锁锁门后,从车外能打开车门吗?

不能打开车门。

(4) 使用防盗装置。

降下驾驶员侧电动车窗,拔出点火钥匙,关闭所有车门,按下遥控器的锁定

学习任务 1　正确使用汽车车身电气设备

开关,如图 1-14 所示。观察安全指示灯是否开始闪烁,如图 1-15 所示。

图 1-14　设置防盗

图 1-15　安全指示灯

通过打开的驾驶员侧电动车窗,伸手进入驾驶室,拉动门控开关,打开驾驶员侧车门,此时是否触发警报?

此时安全指示灯闪烁,触发警报。

三　评价与反馈

❶ 自我评价与反馈

通过使用科鲁兹车型的电气设备,你应该对车身电气设备有了比较全面的认识。结合你的工作体会,正确回答下列问题。

(1)在已使用的车身电气设备中,哪些设备受点火开关控制,哪些设备不受点火开关控制?

_____

_____。

(2)请你界定车身电气设备的范围,查阅相关资料,列举几种本学习任务中未提及的车身电气设备。

_____

_____。

签名:_____　　__年__月__日

❷ 小组评价与反馈

小组评价与反馈表见表1-1。

小组评价与反馈表　　　　　　　　表1-1

序号	评价项目	评价情况
1	着装是否符合要求	
2	是否能够合理规范地使用仪器和设备	
3	是否按照安全和规范的流程操作	
4	是否遵守学习、实训场地的规章制度	
5	是否能够保持学习、实训场地的整洁	
6	团结协作情况	

参与评价的同学签名：_____　　____年____月____日

❸ 教师评价及反馈

_____

_____。

教师签名：_____　　____年____月____日

四 技能考核标准

技能考核标准表见表1-2。

技能考核标准表　　　　　　　　表1-2

序号	项目	操作内容	规定分	评分标准	得分
1	正确使用汽车车身电气设备	车辆进入	5分	正确解锁	
2		安装必要防护用品	5分	是否安装车内防护用品	
3		使用停车灯、尾灯、牌照灯、前照灯	9分	是否正确使用	
4		使用后雾灯	9分	是否正确使用	
5		使用转向信号灯	9分	是否正确使用	

续上表

序号	项目	操作内容	规定分	评分标准	得分
6	正确使用汽车车身电气设备	使用危险报警闪光灯	9分	是否正确使用	
7		使用制动灯和高位制动灯	9分	是否正确使用	
8		使用倒车灯	9分	是否正确使用	
9		使用风窗玻璃刮水器和清洁器	9分	是否正确使用	
10		使用电动车窗	9分	是否正确使用	
11		使用电动门锁	9分	是否正确使用	
12		使用防盗装置	9分	是否正确使用	
		总分	100分		

学习任务2　检测维修汽车照明系统及喇叭系统

 学习目标：

☆知识目标

1. 掌握汽车照明系统及喇叭系统的组成和功能；
2. 掌握汽车照明系统及喇叭系统电路图读图方法；
3. 能够根据电路图描述汽车照明系统及喇叭系统的工作过程；
4. 能够通过查阅相关资料分析汽车照明系统及喇叭系统故障的原因。

☆技能目标

1. 根据故障现象，能够通过查阅维修手册，制订检测方案，使用解码器、测试灯、万用表等检测仪器对声光系统进行检测；
2. 能够根据维修手册技术要求对故障部件进行维修、更换。

 建议课时：

18课时。

学习任务2　检测维修汽车照明系统及喇叭系统

任务描述

车主反映车辆前照灯远光功能失效,该车为雪佛兰科鲁兹自动挡轿车。维修人员对车外照明系统各项功能进行了检查,除了车主反映的故障现象外,其他各项功能均正常,初步判断是由灯光开关或者继电器及其线路引起的,需要对该车照明系统进行检测。

请熟悉照明系统电路图,并通过维修手册查找该系统有关熔断器、连接器、开关等安装位置,制订检测步骤,排除故障。

一　理论知识准备

(一)光源

不同光源用途不同。例如,灯泡和LED(Light Emitted Diode,发光二极管)灯常用于尾灯,卤素灯和气体放电管常用于前照灯,如图2-1所示。

灯泡是使用最早的电光源,灯泡的组成如图2-2所示。早期所有的车灯都使用灯泡,现在灯泡仅用于尾灯和信号灯。当电流通过时,灯的钨丝会发光。灯泡内不能有氧气,如果有氧气,钨丝会在几秒内烧掉。灯泡亮着时,钨丝会缓慢蒸发并在玻璃壁上沉积。灯泡的优点是便宜,缺点是使用寿命短、效率低。

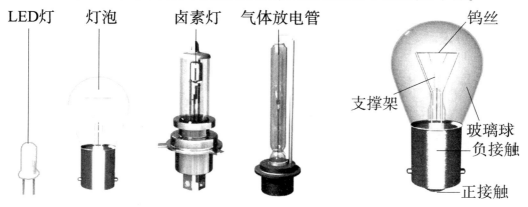

图2-1　常见光源　　　　　　图2-2　灯泡组成

卤素灯也是一种灯泡,其形状与普通灯泡不同且灯泡内充有卤素气体,如图2-3所示。钨丝开始发红时,灯丝中的钨就会蒸发。灯泡内的卤素气体几乎可以使钨丝的温度升高到钨的熔点(3400℃)。蒸发的钨与气体发生反应,当它再次接触到钨丝时即会重新凝固。为了保证这一过程正常进行,灯泡壁须紧密包

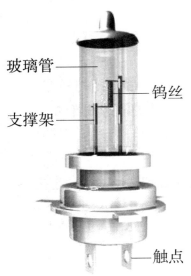

容灯丝。相比标准灯泡,其优点是具有更高的性能和光输出量。安装卤素灯时,须注意不可用手指触碰灯泡玻壳,亦不可用油腻的布抓握。当灯亮着时,油脂会烙在灯泡上使其变得模糊。

气体放电管灯泡由三部分构成:点火器、镇流器和气体放电管,如图2-4所示。气体放电管内没有灯丝而是电弧,这种电弧与焊弧类似。由于电弧室中的氙气蒸发,灯光呈白色。即可以较低电压(85V)和较低功率(35W),使电弧保持这个状态。此电压为交流电压,由镇流器转换而成。相比卤素灯,气体放电管灯泡的优点是具有更高的性能和光输出量。

LED灯如图2-5所示。电流流经其正负极时,LED灯就会发光。LED灯极杆头部比较长的一极为

图 2-3 卤素灯组成

负极,可以据此识别拆下的LED灯的正极和负极。如果正负极接反,LED灯便不会发光。LED灯必须配有电阻,以限制通过LED的电流。相比灯泡,LED灯的优点是性能更高、安装空间更小、使用寿命更长,缺点是需要多个LED灯才能提供相等的光源输出、价格更贵。

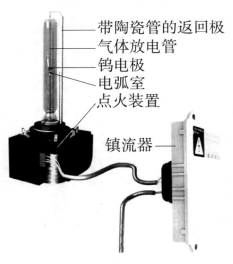

图 2-4 气体放电管灯泡构成

图 2-5 LED 灯组成

(二)照明

为了保证汽车行驶安全,现代汽车上都装备照明系统。照明系统用于提供车辆夜间安全行驶必要的照明,包括车外照明和车内照明。

学习任务 2　检测维修汽车照明系统及喇叭系统

由于汽车前照灯的照明效果对夜间行车安全影响很大,故世界各国多以法律的形式规定了前照灯的照明标准,其基本要求主要有两个方面:①前照灯应能保证车前有明亮而又均匀的照明;②使驾驶员能够看清楚车前100m内路面上的物体。随着现代汽车行驶速度的不断提高,对前照灯的要求也越来越高,现代高速汽车前照灯的照明距离应达到200~250m。另外,前照灯应防止炫目,以避免夜间两车相会时,使对方驾驶员炫目而造成交通事故。

❶ 前照灯

前照灯主要有两类:投射式前照灯、反射式前照灯。投射式前照灯由于光输出量更高,使用日益广泛。投射式前照灯的光输出量比反射式前照灯的光输出量平均高8%,明/暗分离情况也好于反射式前照灯,且占用空间更小。

1)投射式前照灯

投射式前照灯采用了凸形配光镜,如图2-6所示。

由于投射式前照灯的反射镜呈椭圆形,有两个焦点。在第一个焦点处放置灯泡,光束经反射汇聚至第二个焦点。凸形配光镜的焦点与第二焦点相重合,灯泡发出的光被反射镜聚成第二焦点,再通过配光镜将聚集的光投射到远方。投射式前照灯使用的光源为卤素灯。

图2-6　投射式前照灯

在第二焦点附近设有遮光板,可用于遮住投向上半部分的光,形成明暗分明的配光。它的这种配光特性可适用于前照灯近、远光灯,也可用作雾灯。

采用投射式前照灯,可利用的光束增多,若将反射镜做成扁长断面,很多光束便可横向扩散,不仅结构紧凑,而且经济实用。

投射式前照灯有两种:椭球形前照灯(图2-7)、超椭球形前照灯(图2-8)。超椭球形前照灯是椭球形前照灯的改良版。从外部很难分辨两者,但是超椭球形前照灯经常与透明的前照灯玻璃结合使用。两者都有反射镜,反射镜的较低部分与配光镜分隔开。超椭球形前照灯的反射器更大,因此,光输出量也更高。

2)反射式前照灯

反射式前照灯如图2-9所示。反射式前照灯由一个反射镜和浮雕前照灯玻璃组成,以优化灯光分布。反射式前照灯有两种:抛物线形前照灯、功能性多面前照灯,分别如图2-10、图2-11所示。抛物线形前照灯应用时间最久;功能性多面前照灯靠近反射镜区域。实际上,整个反射镜的表面都可以用于照明,此类前照灯有透明的前照灯玻璃。

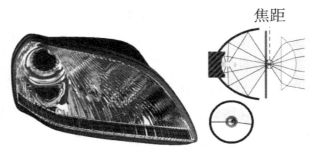

图 2-7　椭圆形前照灯

图 2-8　超椭圆形前照灯

图 2-9　反射式前照灯

 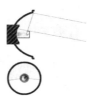　　

图 2-10　抛物线形前照灯　　　图 2-11　功能性多面前照灯

❷ 其他外部灯系

示廓灯：示廓灯俗称小灯，可告知附近的其他车辆本车的位置和宽度。

尾灯：尾灯与示廓灯同时工作，车辆在晚间或者在隧道内行驶时，可表明当前位置并告知后方车辆。

学习任务2 检测维修汽车照明系统及喇叭系统

牌照灯:牌照灯与示廓灯、尾灯同时工作,使车辆在夜间行驶时,其牌照清晰可见。

制动灯:可告知后面的车辆本车正在制动。通常情况下,制动灯和尾灯同在一个灯箱内,其灯光亮度大于尾灯。

照明系统分类

有的车辆在后风窗玻璃下方还有高位制动灯。

转向信号灯:转向信号灯的作用是告知其他车辆本车正准备改变行驶方向或变更车道。

危险报警闪光灯:危险报警闪光灯的作用是告知其他车辆本车已准备紧急停车或者已经停车。

倒车灯:倒车灯的作用是当车辆倒车时,告知附近的其他车辆并辅助后方照明。

有的车辆在尾灯总成内只设有一个倒车灯。

前后雾灯:前后雾灯可在较低的能见度,如雾天或者雨天行驶时,起着辅助信号和照明的作用。

有的车辆在尾灯总成内只设有一个后雾灯,部分低配置车辆还会取消前雾灯的设置,部分车辆还设有随动雾灯的应用程序。

❸ 内部灯系

内部灯系主要由仪表板灯、顶灯、行李舱灯、车门灯等组成。

仪表板灯:仪表板灯通常与示廓灯、尾灯、牌照灯一起工作,保证组合仪表和各计量表、中控台操作界面的照明。

顶灯:顶灯的作用是保证乘客舱内的照明,通常此灯位于车顶内饰板中央。此灯开关通常有三种设置:"ON"——常亮,"OFF"——常灭,"DOOR"——在车门打开时点亮。

行李舱灯:行李舱灯的作用是在行李舱盖打开时保证行李舱的照明。

车门灯:车门灯在车门打开时会点亮,告示附近车辆和行人本车门处于开启状态。

部分车辆采用反光条替代车门灯。

(三)前照灯的检测

前照灯在使用过程中,会因灯泡老化、反射镜变暗、照射位置不正而使其发光强度不足或照射位置不正确,影响汽车行驶速度和行车安全,因此,必须对前照灯进行检测和调整。为此国家规定,机动车年检时必须对前照灯进行检测和调整。检测时,要求轮胎气压正常,场地平整,前照灯配光镜表面清洁,汽车空载,驾驶室内只有一名驾驶员。对装有两灯丝的前照灯以调整近光灯形为主;对于只能调整远光光束的灯,调整远光单光束。采用四灯制的汽车,其中两只对称的灯达到两灯制的要求时,视为合格。

国家标准《机动车运行安全技术条件》(GB 7258—2017)对汽车前照灯的发光强度和光束照射位置有具体规定,并将其列为汽车安全性能的必检项目。要求用前照灯检验仪来检测前照灯,其主要技术指标要求如下:

(1)前照灯远光光束发光强度:两灯制新注册汽车的前照灯,每只灯的发光强度应大于18000cd;四灯制新注册汽车前照灯,每只灯的发光强度应大于15000cd。两灯制在用汽车的前照灯,每只灯的发光强度应大于15000cd;四灯制在用汽车前照,每只灯的发光强度应大于12000cd。前照灯的发光强度是指光源在给定方向上所能发出的光线强度(单位:坎德拉,简称坎,符号为cd)。

检测时,要求汽车的电源系统应处于充电状态。

(2)前照灯光束照射位置:检测机动车前照灯的近光光束照射位置时,车辆应空载,允许乘坐一名驾驶员。前照灯在距屏幕10m处。近光光束明暗截止线转角或中点的垂直方向位置,对近光光束透光面中心即基准中心,高度小于或等于1000mm的机动车,应不高于近光光束透光面中心所在水平面以下50mm的直

学习任务 2　检测维修汽车照明系统及喇叭系统

线且不低于近光光束透光面中心所在水平面以下 300mm 的直线;对近光光束透光面中心高度大于 1000mm 的机动车,应不高于近光光束透光面中心所在水平面以下 100mm 的直线且不低于近光光束透光面中心所在水平面以下 350mm 的直线。前照灯近光光束明暗截止线转角或中点的水平方向位置,与近光光束透光面中心所在处置面相比,向左偏移应小于或等于 170mm,向右偏移应小于或等于 350mm。对于能单独调整的远光光束,前照灯远光光束照射在距离 10m 的屏幕上,其发光强度最大点的垂直方向位置,应不高于远光光束透光面中心所在水平面(高度值为 H)以上 100mm 的直线且不低于远光光束透光面中心所在水平面以下 $0.2H$ 的直线。前照灯远光发光强度最大点的水平位置,与远光光束透光面中心所在垂直面相比,左灯向左偏移应小于或等于 170mm 且向右偏移应小于或等于 350mm,右灯向左和向右偏移均应小于或等于 350mm。

前照灯检测方法有屏幕调试法和检测仪调试法。其中,屏幕调试法简单易行,但它只能检测前照灯光束的照射位置,而无法检测其发光强度。目前汽车维修企业和汽车检测站广泛采用前照灯检测仪来检测前照灯的发光强度和光束照射位置,据此来检测和调整汽车前照灯的发光度和光轴偏斜量。前照灯检测仪根据其结构与原理的不同,可分为聚光式、屏幕式、投影式及自动追踪式,它们的检测项目基本相同,可以检测前照灯的光束照射位置、发光强度(cd)或光照度(单位:勒克斯,简称勒,符号为 lx)。

(四)喇叭系统

汽车喇叭是用来警告路上车辆或行人的警报装置,其种类主要有电磁式、电子式和压缩空气式 3 类。

1　电磁式喇叭的结构

将一片薄钢板周围固定,中央放置电磁铁,当开关闭合时,电磁铁产生吸力吸引钢板;当开关断开时,钢板由本身的弹性弹回,产生振动,即可发出声波。如果不断地开启与闭合开关,就可使钢板连续振动空气而发出声音,如图 2-12 所示。

如图 2-13 所示,电磁式喇叭一般由高音喇叭、低音喇叭、喇叭继电器、喇叭按钮、电源、熔断丝等构成。

知识链接

因喇叭耗电量大,故使用继电器,避免按钮处产生过大的火花,以延长使用寿命。

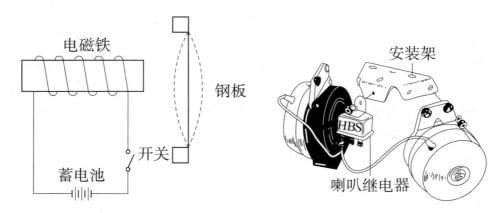

图 2-12　电磁式喇叭的作用原理　　图 2-13　电磁式喇叭的结构

电磁式喇叭主要有盆形和螺旋形两种形式。盆形喇叭和喇叭继电器的结构如图 2-14 所示。盆形喇叭触点闭合后，电磁铁（线圈）将膜片拉近，接近后触点断开，电流被断开，如此反复进行引起振动，发出声音。

盆形电喇叭结构

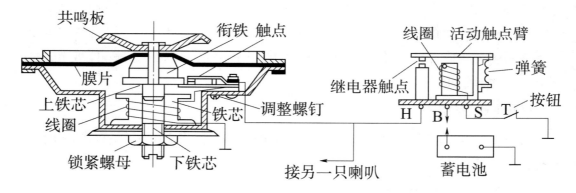

图 2-14　盆形喇叭和喇叭继电器的结构

螺旋形喇叭是利用螺旋管的共鸣产生较柔软的音色，体积比盆形喇叭大。螺旋形喇叭的结构如图 2-15 所示，它以螺旋管的音响管取代盆形喇叭的共鸣板（共振板），其他的驱动回路、触点结构等均与盆形喇叭相同。

❷ 电子式喇叭的结构

电子式喇叭的结构如图 2-16 所示，其发音体采用压电元件，以产生悦耳的和音。电子式喇叭具有省电、低噪声等优点。

（五）科鲁兹轿车照明系统组成及其作用

（1）灯泡：将电能转化成光能，实现照明功能；

(2)灯光开关:驾驶员通过开关控制照明系统,用于提供车辆夜间安全行驶必要的照明以及安全行车所必需的灯光信号;

(3)熔断器及易熔丝:根据额定容量大小分为熔断器和易熔丝,当工作电流过大时,熔断器或易熔丝将熔断,以达到保护电路的效果;

(4)导线及连接器:连接器用于连接导线与导线、导线与开关、导线与灯泡的接插件,它由公母插头组成,一般通过锁扣固定连接,当解开锁扣后可以断开连接器。

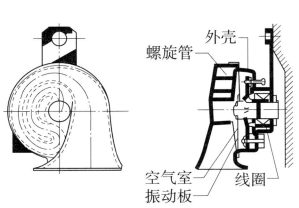

图2-15 螺旋形喇叭的结构

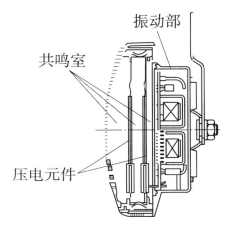

图2-16 电子式喇叭的结构

(六)科鲁兹轿车前照灯电路工作过程

科鲁兹轿车灯光系统的工作过程是通过车身控制模块(K9)控制实现的,灯光开关不同的工作状态,能够改变车身控制模块对应开关信号线端子的电压状态,从而反映驾驶员的真实意图,再由车身控制单元计算、判断后,通过继电器或直接控制相应的灯珠点亮或熄灭。

图2-17为科鲁兹轿车前照灯电路示意图。该图所示的开关状态为原始位置,即驾驶员未做任何操作,此时所有开关与车身控制单元相连接的导线均与地线断开,车身控制电脑得到一个自身提供的参考电压。当驾驶员操作开关时,反映相应开关状态的信号线会通过开关与地线连接,车身控制电脑的信号电压由参考电压变为0V电压。

现将前照灯电路的控制过程举例如下,其他灯光电路的控制过程可参照该电路进行分析。

为方便分析电路图,开关导线或者灯珠相关导线的两端以连接器代号来表示,例如前照灯开关的3号端子为"S30/3",该段导线与车身控制单元的连接端为"K9/X1/22"。

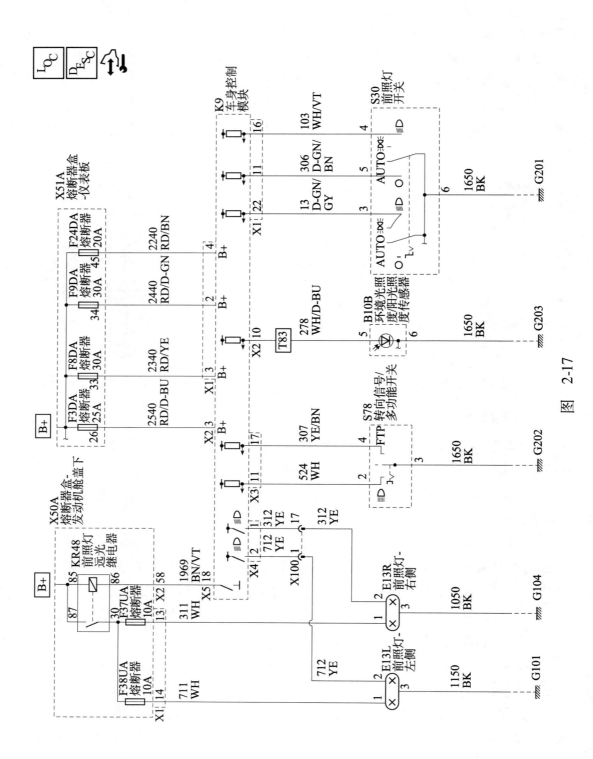

图 2-17

学习任务 2　检测维修汽车照明系统及喇叭系统

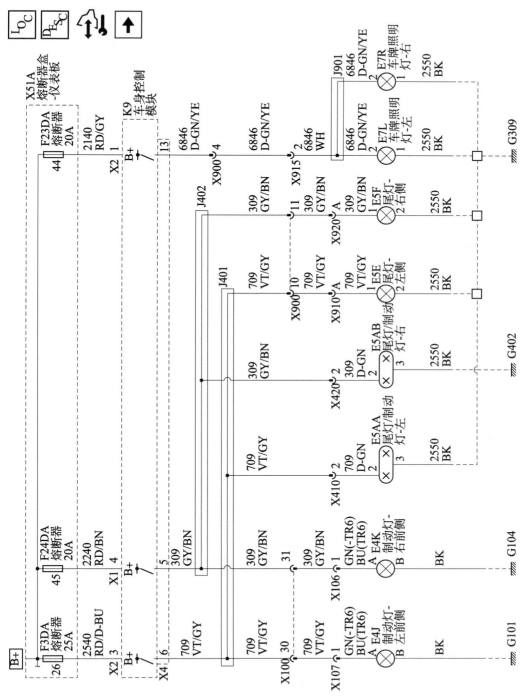

图 2-17　科鲁兹轿车前照灯电路示意图

（1）前照灯开关（S30）处于关闭位置，此时只有开关 5 号端子与地线 6 号端子闭合导通，3 号、4 号端子与地线处于断开状态。车身控制单元信号接收端的状态为：K9/X1/22 为参考电压；K9/X1/11 为 0V；K9/X1/16 为参考电压。此时车身控制单元通过 3 根开关信号线的不同状态得到一组"101"的二进制信号，根据内部程序设定判断前照灯开关处于关闭位置，车身控制单元不控制任何灯点亮。

（2）前照灯开关（S30）处于"AUTO"位置，此时 3 号、4 号、5 号端子均与地线处于断开状态。车身控制单元信号接收端的状态为：K9/X1/22 为参考电压；K9/X1/11 为参考电压；K9/X1/16 为参考电压。此时车身控制单元通过 3 根开关信号线的不同状态得到一组"111"的二进制信号，根据内部程序设定判断前照灯开关处于自动位置，车身控制单元根据车辆使用环境控制灯点亮或熄灭。

（3）前照灯开关（S30）处于示廓灯打开位置，此时只有开关 3 号端子与地线 6 号端子闭合导通，4 号、5 号端子与地线处于断开状态。车身控制单元信号接收端的状态为：K9/X1/22 为 0V；K9/X1/11 为参考电压；K9/X1/16 为参考电压。此时车身控制单元通过 3 根开关信号线的不同状态得到一组"011"的二进制信号，根据内部程序设定判断前照灯开关处于示廓灯打开位置，车身控制单元通过 K9/X4/6、K9/X4/5 和 K9/X4/13 3 个端子将示廓灯和牌照灯与蓄电池电源接通，控制相应灯珠点亮。

（4）前照灯开关（S30）处于近光灯打开位置，此时只有开关 5 号端子与地线 6 号端子断开，3 号、4 号端子与地线均处于导通状态。车身控制单元信号接收端的状态为：K9/X1/22 为 0V；K9/X1/11 为参考电压；K9/X1/16 为 0V。此时车身控制单元通过 3 根开关信号线的不同状态得到一组"010"的二进制信号，根据内部程序设定判断前照灯开关处于近光灯打开位置，车身控制单元通过 K9/X4/1 和 K9/X4/2 两个端子将双丝灯珠的近光与蓄电池电源接通，控制近光灯点亮。

（5）转向信号/多功能开关（S78）处于远光灯打开位置，且已经开启近光灯。此时开关 2 号端子与地线 3 号端子处于导通状态，车身控制单元信号接收端 K9/X3/11 的状态由参考电压变为 0V，根据内部程序设定判断 S78 开关处于远光灯打开位置，车身控制单元通过 K9/X5/18 控制前照灯远光继电器线圈"接地"，继电器负载开关"闭合"，蓄电池通过继电器及熔断器与双丝灯珠的远光部分导通，控制远光灯工作。

（6）转向信号/多功能开关（S78）处于"变光"工作位置。此时开关 4 号端子与地线 3 号端子处于导通状态，车身控制单元信号接收端 K9/X3/17 的状态由参考电压变为 0V，根据内部程序设定判断 S78 开关处于变光开关工作位置，车身控制单元通过 K9/X5/18 控制前照灯远光继电器线圈"接地"，继电器负载开关"闭合"，蓄电池通过继电器及熔断器与双丝灯珠的远光部分导通，控制远光灯工作。

虽然都是控制远光灯工作,但"变光"功能在近光灯打开或关闭时都可实现对远光灯丝的控制,且"变光"开关是一个自动可回位的开关,当释放开关后,开关即刻回位,远光灯丝断电熄灭。

(七)科鲁兹轿车喇叭电路工作过程

喇叭电路的工作原理与灯光电路相同,当按下喇叭开关后,K9/X3/18 通过转向盘气囊线圈和喇叭开关接地,车身控制单元信号接收端 K9/X3/18 的状态由参考电压变为 0V,根据内部程序设定判断喇叭开关处于工作位置,车身控制单元通过 K9/X5/19 控制喇叭继电器线圈"接地",继电器负载开关"闭合",蓄电池通过继电器及熔断器与喇叭线圈导通。科鲁兹轿车喇叭电路示意图如图 2-18 所示。

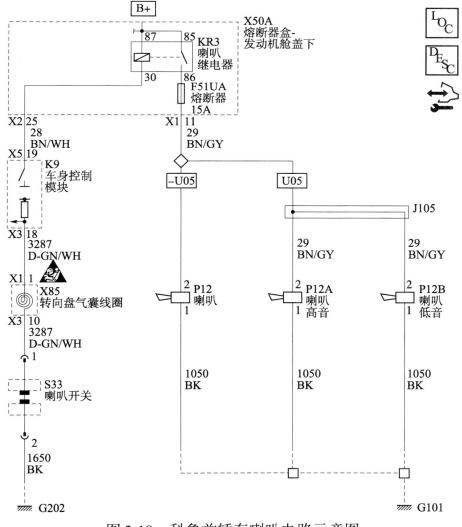

图 2-18 科鲁兹轿车喇叭电路示意图

二 任务实施

（一）前照灯电路检测1

❶ 准备工作

（1）科鲁兹轿车维修手册。

（2）万用表。

（3）解码器。

（4）科鲁兹轿车。

❷ 技术要求与注意事项

（1）学会查阅维修手册，根据维修指导进行检测。

（2）在维修任何电气部件前，点火和起动开关必须置于"OFF"或"LOCK"位置，并且所有电气负载必须关闭，除非操作程序中另有说明。断开蓄电池负极电缆，以防止工具或设备接触裸露的电气端子而产生电火花。不遵守这些安全须知可能会导致人身伤害或车辆（车辆部件）损坏。

❸ 操作步骤

（1）根据车主反映右前照灯（近光）不亮，但左侧前照灯工作正常的故障现象，能够判断前照灯开关及其信号电路正常。

（2）连接解码器，读取灯光系统故障码，并根据读取的故障码翻阅维修手册。故障诊断码说明如下：

DTC B2575 01——前照灯控制电路对蓄电池短路；

DTC B2575 02——前照灯控制电路对搭铁短路；

DTC B2575 04——前照灯控制电路开路；

DTC B2699 01——右侧前照灯控制电路对蓄电池短路；

DTC B2699 02——右侧前照灯控制电路对搭铁短路；

DTC B2699 04——右侧前照灯控制电路开路。

（3）根据读取故障码及查阅维修手册，确定故障范围，见表2-1。

（4）根据故障范围对右前照灯控制电路进行测试。

①将点火开关置于"OFF"位置，断开右侧照灯上的线束连接器。

②测试E13R前照灯总成-右侧搭铁电路线束连接器端子3和搭铁之间的电阻是否小于5Ω，见表2-2。

学习任务 2　检测维修汽车照明系统及喇叭系统

故障范围　　　　　　　　　　　　　　　　　表 2-1

电　路	对搭铁短路	开路/电阻过大	对电压短路	信 号 性 能
左侧前照灯控制	B2575 02	B2575 04	B2575 01	—
右侧前照灯控制	B2699 02	B2699 04	B2699 01	—

右前照灯控制电路检测　　　　　　　　　　　表 2-2

测 量 部 位	检 测 结 果	结 果 判 断
	小于5Ω	正常
	大于规定值	搭铁电路开路或电阻过大

③在 E13R 前照灯总成-右侧信号电路线束连接器端子 2 和搭铁之间连接一个测试灯,使用故障诊断仪指令右侧近光前照灯进行测试,切换不同的指令状态时,测试灯应点亮或熄灭,见表2-3。

右前照灯控制电路检测　　　　　　　　　　　表 2-3

测 量 部 位	检 测 结 果	结 果 判 断
	测试灯始终点亮	检查信号电路是否对电压短路。如果电路测试正常,则更换车身控制电脑

测 量 部 位	检 测 结 果	结 果 判 断
	测试灯始终熄灭	检查信号电路是否对搭铁短路或开路/电阻过大。如果电路测试正常，则更换车身控制模块

④如果所有电路测试都正常，则更换相应的前照灯。

(二)前照灯电路检测2

❶ 准备工作

(1)科鲁兹轿车维修手册。

(2)万用表。

(3)解码器。

(4)科鲁兹轿车。

❷ 技术要求与注意事项

(1)学会查阅维修手册，根据维修指导进行检测。

(2)在维修任何电气部件前，点火和起动开关必须置于"OFF"或"LOCK"位置，并且所有电气负载必须关闭，除非操作程序中另有说明。断开蓄电池负极电缆，以防止工具或设备接触裸露的电气端子而产生电火花。不遵守这些安全须知可能会导致人身伤害或车辆(车辆部件)损坏。

❸ 操作步骤

(1)检查前照灯近光工作状态，将点火开关置于"ON"位置，将前照灯开关S30置于近光位置，近光灯应点亮；将前照灯开关置于"OFF"位置，近光灯应熄灭。

(2)连接解码器，读取灯光系统故障码，并根据读取的故障码DTC B257A 00翻阅维修手册。

故障诊断码说明如下：

DTC B257A 00——前照灯开关输入信号相关性故障。

(3)根据读取故障码及查阅维修手册，确定故障范围，见表2-4。

学习任务 2　检测维修汽车照明系统及喇叭系统

故障范围　　　　　　　　　　　　　　　　　　　　　　　　　表 2-4

电　路	对搭铁短路	开路/电阻过大	对电压短路	信号性能
前照灯开关输入信号	—	—	—	B257A 00

(4) 根据故障范围对前照灯开关 S30 及其相关线路进行测试。

① 将点火开关置于"OFF"位置,断开 S30 前照灯开关线束连接器,测试搭铁电路端子 6 和搭铁之间的电阻是否小于 5Ω,见表 2-5。

前照灯开关电路检测　　　　　　　　　　　　　　　　　　　表 2-5

测量部位	检测结果	结果判断
	小于 5Ω	正常
	大于规定值	搭铁电路开路或电阻过大

② 连接 S30 前照灯开关线束连接器。

③ 断开 K9 车身控制模块的 X1 线束连接器。

④ 在 B+ 和信号电路端子 16 之间连接一个测试灯,将前照灯开关在近光和关闭位置之间转动,测试灯应随着开关的切换而点亮或熄灭,见表 2-6。

前照灯开关电路检测　　　　　　　　　　　　　　　　　　　表 2-6

测量部位	检测结果	结果判断
	测试灯始终点亮	检查信号电路是否对搭铁短路。如果电路测试正常,则更换 S30 开关

续上表

测量部位	检测结果	结果判断
	测试灯始终熄灭	检查信号电路是否对电压短路或开路/电阻过大。如果电路测试正常,则更换 S30 开关

⑤如果所有电路测试都正常,则更换 K9 车身控制模块。

(5)前照灯开关部件测试。

①将点火开关置于"OFF"位置,断开 S30 前照灯开关线束连接器,将 S30 前照灯开关置于"OFF"位置,测试端子 6 和端子 5 之间的电阻是否小于 5Ω,见表 2-7。

前照灯开关电路检测　　　　　　表 2-7

测量部位	检测结果	结果判断
	小于 5Ω	正常
	大于规定值	更换 S30 前照灯开关

②将 S30 前照灯开关置于"PARK"位置,测试端子 6 和端子 3 之间的电阻是否小于 5Ω,见表 2-8。

前照灯开关电路检测　　　　　　表 2-8

测量部位	检测结果	结果判断
	小于 5Ω	正常
	大于规定值	更换 S30 前照灯开关

学习任务 2 检测维修汽车照明系统及喇叭系统

③将 S30 前照灯开关置于近光位置,测试端子 6 和端子 4 之间的电阻是否小于 5Ω,见表 2-9。

前照灯开关电路检测　　　　　　　　表 2-9

测 量 部 位	检 测 结 果	结 果 判 断
	小于 5Ω	正常
	大于规定值	更换 S30 前照灯开关

(三) 前照灯电路检测 3

❶ 准备工作

(1) 科鲁兹轿车维修手册。

(2) 万用表。

(3) 解码器。

(4) 科鲁兹轿车。

❷ 技术要求与注意事项

(1) 学会查阅维修手册,根据维修指导进行检测。

(2) 在维修任何电气部件前,点火和起动开关必须置于"OFF"或"LOCK"位置,并且所有电气负载必须关闭,除非操作程序中另有说明。断开蓄电池负极电缆,以防止工具或设备接触裸露的电气端子而产生电火花。不遵守这些安全须知可能会导致人身伤害或车辆(车辆部件)损坏。

❸ 操作步骤

(1) 检查远光灯工作情况,将点火开关置于"ON"位置,执行远光测试。在指令状态之间切换时,远光灯应点亮或熄灭。

(2) 连接解码器,读取灯光系统故障码,并根据读取的故障码翻阅维修手册。故障诊断码说明如下:

DTC B2580 01——远光控制电路对蓄电池短路;

DTC B2580 02——远光控制电路对搭铁短路;

DTC B2580 04——远光控制电路开路。

(3) 根据读取故障码及查阅维修手册确定故障范围,见表 2-10。

表 2-10 故障范围

电路	对搭铁短路	开路/电阻过大	对电压短路	信号性能
远光控制	B2580 02	B2580 04	B2580 01	—

(4) 根据故障范围对前照灯控制电路进行测试。

① 将点火开关置于"OFF"位置,断开 X50A 发动机舱盖下熔断器盒的 X2 线束连接器。

② 在 B+和 X50A 发动机舱盖下熔断器盒处的控制电路端子 58 X2 之间连接一个测试灯。

③ 使用故障诊断仪,指令远光灯点亮或熄灭。在指令状态之间切换时,测试灯应点亮或熄灭,见表 2-11。

表 2-11 前照灯控制电路检测

测量部位	检测结果	结果判断
	测试灯始终点亮	检查控制电路是否对搭铁短路。如果电路测试正常,则更换 K9 车身控制模块
	测试灯始终熄灭	检查控制电路是否对电压短路或断路/电阻过大。如果电路测试正常,则检查远光指示灯信号电路或更换 K9 车身控制模块

④ 如果所有电路测试正常,则更换 X50A 发动机舱盖下熔断器盒。

(四) 前照灯电路检测 4

1 准备工作

(1) 科鲁兹轿车维修手册。

(2) 万用表。

学习任务2 检测维修汽车照明系统及喇叭系统

(3)解码器。

(4)科鲁兹轿车。

❷ 技术要求与注意事项

(1)学会查阅维修手册,根据维修指导进行检测。

(2)在维修任何电气部件前,点火和起动开关必须置于"OFF"或"LOCK"位置,并且所有电气负载必须关闭,除非操作程序中另有说明。断开蓄电池负极电缆,以防止工具或设备接触裸露的电气端子而产生电火花。不遵守这些安全须知可能会导致人身伤害或车辆(车辆部件)损坏。

❸ 操作步骤

(1)将点火开关置于"ON"位置,将前照灯开关置于近光位置。在接通/关闭位置之间推/拉转向信号/多功能开关,远光前照灯应随着开关的切换而点亮或熄灭。

(2)连接解码器,读取灯光系统故障码,并根据读取的故障码翻阅维修手册。故障诊断码说明如下:

DTC B3650 08——远光请求信号电路性能,信号无效;

DTC B3806 00——远光和前照灯闪光选择电路故障。

(3)根据读取故障码及查阅维修手册确定故障范围,见表2-12。

故障范围　　　　　　　　　　　　　　　表2-12

电　路	对搭铁短路	开路/电阻过大	对电压短路	信号性能
远光选择信号	B3650 08	—	—	—
远光灯和前照灯闪光选择信号	B3806 00	—	—	—

(4)根据故障范围对转向信号/多功能开关S78及其电路进行测试。

①将点火开关置于"OFF"位置,断开S78转向信号/多功能开关线束连接器。测试搭铁电路端子3和搭铁之间的电阻是否小于5Ω,见表2-13。

②连接S78转向信号/多功能开关线束连接器。

③断开K9车身控制模块的X3线束连接器。

④在B+和信号电路端子17 X3之间连接一个测试灯。

⑤在闪光和关闭位置之间拉动S78转向信号/多功能开关。测试灯应随着开关的切换而点亮或熄灭,见表2-14。

转向信号/多功能开关电路检测　　　　表2-13

测量部位	检测结果	结果判断
（图）	小于5Ω	正常
	大于规定值	检查搭铁电路是否开路/电阻过大

转向信号/多功能开关电路检测　　　　表2-14

测量部位	检测结果	结果判断
（图）	测试灯始终点亮	检查信号电路是否对搭铁短路。如果电路测试正常，则更换S78转向信号/多功能开关
	测试灯始终熄灭	检查信号电路是否对电压短路或开路/电阻过大。如果电路测试正常，则更换S78转向信号/多功能开关

⑥如果所有电路测试正常，则更换K9车身控制模块。

(5) S78转向信号/多功能开关部件测试。

①将点火开关置于"OFF"位置，断开S78转向信号/多功能开关线束连接器。将S78转向信号/多功能开关置于释放位置，测试端子3和端子4之间的电阻是否无穷大，见表2-15。

转向信号/多功能开关电路检测　　　　表2-15

测量部位	检测结果	结果判断
（图）	无穷大	正常
	小于规定值	更换S78转向信号多功能开关

学习任务 2　检测维修汽车照明系统及喇叭系统

②将 S78 转向信号/多功能开关置于闪光灯位置,测试端子 4 和端子 3 之间的电阻是否小于 5Ω,见表 2-16。

转向信号/多功能开关电路检测　　表 2-16

测量部位	检测结果	结果判断
	小于 5Ω	正常
	大于规定值	更换 S78 转向信号多功能开关

(五)喇叭电路检测

❶ 准备工作

(1)科鲁兹轿车维修手册。

(2)万用表。

(3)解码器。

(4)科鲁兹轿车。

❷ 技术要求与注意事项

(1)学会查阅维修手册,根据维修指导进行检测。

(2)在维修任何电气部件前,点火和起动开关必须置于"OFF"或"LOCK"位置,并且所有电气负载必须关闭,除非操作程序中另有说明。断开蓄电池负极电缆,以防止工具或设备接触裸露的电气端子而产生电火花。不遵守这些安全须知可能会导致人身伤害或车辆(车辆部件)损坏。

❸ 操作步骤

(1)将点火开关置于"ON"位置,用故障诊断仪执行安全防盗系统警报触发喇叭继电器接通和断开时,确认喇叭的工作情况。如喇叭总是鸣响或不鸣响,对其电路进行检测。

(2)连接解码器,读取喇叭系统故障码,并根据读取的故障码翻阅维修手册。故障诊断码说明如下:

DTC B2750 01——喇叭继电器辅助电路对蓄电池短路;

DTC B2750 02——喇叭继电器辅助电路对搭铁短路;

DTC B2750 04——喇叭继电器辅助电路开路。

(3) 根据读取故障码及查阅维修手册确定故障范围,见表 2-17。

故障范围　　　　　　　　　　　　　　　表 2-17

电 路	对搭铁短路	开路/电阻过大	对电压短路	信号性能
控制	B2750 02	B2750 04	B2750 01	—

(4) 根据故障范围对喇叭电路进行测试。

①将点火开关置于"OFF"位置,所有车辆系统停用,断开 K9 车身控制模块的 X5 线束连接器。

②将点火开关置于"ON"位置,测试控制电路端子 19 和搭铁之间的电压是否高于 10V,见表 2-18。

喇叭电路检测　　　　　　　　　　　　　表 2-18

测量部位	检测结果	结果判断
	高于 10V	更换 K9 车身控制模块
	10V 或更低	继续进行下一步电路检测

③将点火开关置于"OFF"位置,断开 X50A 发动机舱盖下熔断器盒的线束连接器,测试控制电路和搭铁之间的电阻是否为无穷大,见表 2-19。

喇叭电路检测　　　　　　　　　　　　　表 2-19

测量部位	检测结果	结果判断
	不为无穷大	排除电路中的搭铁短路故障
	无穷大	继续进行下一步电路检测

④测试控制电路端对端电阻是否小于 2Ω,见表 2-20。

学习任务2　检测维修汽车照明系统及喇叭系统

喇叭电路检测　　　　　　　　　　　　　　　　　表2-20

测 量 部 位	检 测 结 果	结 果 判 断
	2Ω 或更大	排除电路中的开路/电阻过大故障
	小于2Ω	更换 X50A 发动机舱盖下熔断器盒

三　学习拓展

（一）前照灯总成的拆装

❶ 准备工作

（1）科鲁兹轿车维修手册；

（2）科鲁兹轿车；

（3）常用拆装工具。

❷ 技术要求与注意事项

（1）正确检索资料；

（2）根据维修资料进行规范操作。

❸ 操作步骤

前照灯总成拆装操作步骤见表2-21。

前照灯总成拆装操作步骤　　　　　　　　　　　表2-21

步骤一：拆卸前保险杠蒙皮开口下盖固定件	步骤二：拆卸前保险杠蒙皮开口下盖螺栓

续上表

步骤三:拆卸前轮罩衬板螺栓 	步骤四:拆卸前保险杠蒙皮螺栓 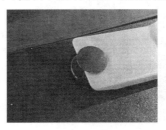
步骤五:拆卸前保险杠蒙皮固定件 	步骤六:拆卸前保险杠蒙皮下加强件螺栓 
步骤七:从前保险杠蒙皮导板上将其松开 	步骤八:向前拉,拆下前保险杠蒙皮 
步骤九:断开所有电气连接器 	步骤十:拆卸前照灯螺钉 

学习任务 2　检测维修汽车照明系统及喇叭系统

续上表

步骤十一：拆卸前照灯螺钉 	步骤十二：向前拉动前照灯外边缘以向上和向下释放前照灯背面的定位器凸舌 
步骤十三：向前拉动前照灯内边缘以向上/向下释放内侧定位器 	步骤十四：拉下前照灯总成 
步骤十五：向前拉前照灯总成至接近电气连接器 	步骤十六：将前照灯电气连接器从前端照明灯线束连接器上断开 
步骤十七：拆下前照灯总成 	

(二)喇叭的拆装

❶ 准备工作

(1)科鲁兹轿车维修手册。

(2)科鲁兹轿车。

(3)常用拆装工具。

❷ 技术要求与注意事项

(1)查阅维修手册根据维修指导进行操作;

(2)正确使用拆装工具。

❸ 操作步骤

喇叭拆装操作步骤见表2-22。

喇叭的拆装操作步骤 表2-22

步骤一:拆下前保险杠蒙皮	步骤二:断开喇叭接插件
	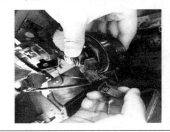
步骤三:拆下喇叭固定螺母	步骤四:拆下喇叭

步骤五:安装喇叭紧固螺栓	步骤六:插上喇叭接插件及安装前保险杠蒙皮

四 评价与反馈

❶ 自我评价与反馈

通过对科鲁兹轿车照明系统及喇叭系统的检修,你应该对科鲁兹轿车照明系统及喇叭系统有了比较全面的认识。结合你的工作体会,正确回答下列问题。

(1)科鲁兹轿车右前照灯(近光)不亮,且通过解码仪读取到故障码"DTC B2575 04:前照灯控制电路开路"。请根据读取故障码及查阅维修手册,确定故障范围有哪些。

_____

_____。

(2)实训过程完成情况如何?

_____

_____。

(3)通过本学习任务的学习,你认为自己的知识和技能还有哪些欠缺?

_____

_____。

签名:_____　　　____年____月____日

❷ 小组评价与反馈

小组评价与反馈表见表2-23。

小组评价与反馈表　　　　表2-23

序号	评 价 项 目	评 价 情 况
1	着装是否符合要求	
2	是否能够合理规范地使用仪器和设备	
3	是否按照安全和规范的流程操作	
4	是否遵守学习、实训场地的规章制度	
5	是否能够保持学习、实训场地的整洁	
6	团结协作情况	

参与评价的同学签名:_____　　　____年____月____日

3 教师评价及反馈

_____

_____。

教师签名：_____　　　　_____年___月___日

五 技能考核标准

技能考核标准表见表2-24。

技能考核标准表　　　　　　　表2-24

序号	项目	操作内容	规定分	评分标准	得分
1	检测维修汽车照明系统及喇叭系统	前期准备	8分	安装座椅套、地板垫、转向盘套	
				安装翼子板布	
				安装前格栅布	
				工具仪器准备	
2		安全检查	8分	安装车轮挡块	
				检查机油、冷却液	
				现场安全检查确认	
3		仪器连接	5分	点火开关关闭	
				正确连接诊断仪器	
4		故障码检查	10分	正确读取并记录故障码	
				相关数据流确认	
				故障码清除	
5		目视检查	5分	管线连接、机件状况	
6		确认故障症状	5分	检查系统各部件的工作情况	
7		故障码再次检查	10分	正确读取并记录故障码	
				相关数据流内容	
				故障码再次清除	

学习任务 2　检测维修汽车照明系统及喇叭系统

续上表

序号	项目	操作内容	规定分	评分标准	得分
8	检测维修汽车照明系统及喇叭系统	元件测量	10 分	正确查阅资料确认测试接头及线路	
				正确选择测量仪具	
				正确连接测量仪具	
				正确读取和记录数据	
				正确分析测量结果	
9		电路测量	10 分	正确查阅资料确认测试接头及线路	
				正确选择测量仪具	
				正确连接测量仪具	
				正确读取和记录数据	
				正确分析测量结果	
10		故障点确认和排除	10 分	正确说明故障点	
				正确排除故障点	
11		故障码再次检查	10 分	正确读取并记录故障码	
				相关数据流内容	
				故障码再次清除	
12		零部件的拆装	9 分	操作不当	
		总分	100 分		

学习任务3　检测维修汽车信号系统

 学习目标：

☆知识目标

1. 掌握汽车信号系统的组成和功能；
2. 掌握常规车型汽车信号系统电路图读图方法；
3. 能够根据电路图描述汽车信号系统的工作过程；
4. 能够通过查阅相关资料分析汽车信号系统故障的原因。

☆技能目标

1. 根据故障现象，能够通过查阅相关资料制订检测方案，利用解码器、测试灯、万用表等检测仪器对汽车信号系统进行检测；
2. 根据维修手册技术要求对故障部件进行维修、更换。

 建议课时：

18课时。

学习任务 3　检测维修汽车信号系统

车主反映车辆转向信号灯工作异常,该车为雪佛兰科鲁兹自动挡轿车。维修人员对车辆信号系统各项功能进行了检查,除了车主反映的故障现象,其他各项功能均正常,初步判断是由信号故障引起的,需要对该车信号系统进行检测。

请熟悉信号系统电路图,并通过维修手册查找该系统有关熔断器、连接器、开关等安装位置,制定检测步骤,排除故障。

一　理论知识准备

(一)信号灯概述

汽车上信号装置的作用是通过声响和灯光向其他车辆的驾驶员和行人发出警告,以引起注意,确保车辆安全行驶。汽车上信号装置主要包括声音信号装置以及灯光信号装置。

汽车信号灯的种类、特点及用途见表3-1。

灯光信号装置包括转向信号、制动信号、示廓信号和危险警告信号等。

❶ 转向信号

汽车转弯时,发出明暗交替的闪光信号,以表明汽车向左或向右转向行驶。转向信号一般为橙色,如图3-1所示。在灯轴线右偏5°至左偏5°的视角范围内,无论白天黑夜,能见距离不小于35m,在右偏30°至左偏30°的视角范围内,能见距离不小于10m;转向灯的闪光频率应为50~110次/min,一般取60~95次/min。

转向灯灯泡的闪烁运用了双金属棒原理,如转向灯其中一边有一颗烧毁,则烧毁的那一方打灯时闪烁会极快。现今新型车辆,逐渐以LED取代传统灯泡。

除转弯外,转向灯还用在起步、超车和变更车道时。停车上下乘客以及突然抛锚的情形下,还常使左右方向的转向灯同时闪烁,以引起其他行驶车辆注意。若要路边临时停车并保持短暂的不熄火,则使转向灯往路边的方向闪烁。

为避免驾驶员转向后忘记关闭转向灯误导其他车辆,转向灯闪烁时车内会同步发出声响以提醒驾驶员,而多数汽车安装的转向灯开关具备随转向盘自动回位的功能。大型车辆的转向灯会在车外同一边发出声响提醒旁边的人注意,以避免转弯时人或车太过靠近而被卷入车下。

汽车车身电气设备检修(第2版)

表3-1 汽车信号灯的种类、特点及用途

种类	转向灯	制动灯	示廓灯	危险报警闪光灯	雾灯	倒车灯	指示灯	报警灯
安装位置	汽车头部、尾部两侧	汽车尾部	汽车头部两侧、汽车尾部	汽车头部、尾部两侧	汽车的前部比前照灯稍低的位置和后部	汽车尾部	仪表板上	仪表板上
工作特点	黄色闪亮左右变化	红色制动时亮	白色或黄色常亮	黄色闪亮左右变化	黄色或明亮的白色	明亮的白色	绿色或蓝色常亮	红色或黄色常亮
用途	指示车辆行驶趋向	对尾随车辆发出防碰撞信号	从前、后标示车辆形位	提醒其他车辆与行人注意本车发生了特殊情况	用于在雨雾天气行驶时照明道路,同时警告其他车辆及行人	照亮车后路面,并警告车后的车辆和行人,表示该车正在倒车	用于指示汽车一些系统的工作状态	指示汽车上某系统处于不良或特殊工作状态

46

❷ 制动信号

制动信号由制动灯的亮起表示，如图3-2所示。制动灯要求采用红色，两个制动灯的安装位置应与汽车纵轴线对称，并在同一高度；其光束角度在水平面内应为灯轴线左右各45°，在铅垂面内应为灯轴线上下各15°。

图3-1　转向灯

图3-2　制动灯

❸ 示廓信号

示廓信号由装在汽车前后、左右的示廓灯亮起表示，如图3-3所示。示廓灯透光面边缘距车身不得大于400mm，示廓灯灯光在前方100m以外应能看得清楚，在汽车的其他各个方向能看清示廓灯灯光，距离不应小于30m。

图3-3　示廓灯

❹ 危险警告信号

危险警告信号由左右转向灯同时闪烁表示，与转向信号有相同的要求，如图3-4所示。

危险报警闪光灯作用

❺ 雾灯

雾天时，空气中会弥漫很多小水珠，当光线穿过小水珠时，会被小水珠反射到四面八方，原光线被削弱很多而无法穿过浓雾，这种现象被称为光的散射，这也是浓雾天气能见度很低的原因。而散射程度与波长有关，波长越大，散射程度越小。在可见光谱中，波长从红到紫逐渐减小，因此红黄光的散射程度最小，最能穿透浓雾。因为红色代表停止，容易混淆其他驾驶员，于是选择黄灯（或明亮的白灯）作为雾灯，一方面用来照明，使驾驶员能够看清前方的车辆与行人；另一方面也能够警示他人，避免事故发生。

图 3-4　危险报警闪光灯

前雾灯：如图 3-5 所示，前雾灯的作用并不是照明，而是提供一个高亮度的散射光源，这个光源的强度是为了穿透浓雾，起到提醒对面驾驶员的作用。前雾灯虽然能够照亮一小块地方，但是如果在正常情况下使用，将会干扰对面驾驶员的视线。这种情况下，开着前雾灯是一种不道德的行为。

后雾灯：如图 3-6 所示，后雾灯的作用就是在雾、雪、雨或尘埃弥漫等能见度较低的环境中让车辆后面的汽车驾驶员易于发现前方车辆。

图 3-5　前雾灯　　　　　　　图 3-6　后雾灯

❻ 倒车灯

倒车灯安装于汽车尾部，用于照亮车后路面，并警告车后的车辆和行人，表示该车正在倒车。倒车灯全部是白色的，如图 3-7 所示。

雾灯作用

❼ 其他辅助用灯

警示灯，一般装于车顶部，用来标示车辆特殊类型。消防车、警车用红色，救护车为蓝色，旋转速度为每秒 2～6 次；公交车和出租汽车为白色、黄色；出租汽车空车标示灯装在仪表台上，光色一般为红色、白色；工程抢险灯安装在车辆尾部或车顶，一般为黄色。

学习任务 3　检测维修汽车信号系统

图 3-7　倒车灯

(二)驻车辅助系统

1　驻车辅助

超声波驻车辅助系统的设计用于在倒车车速小于 8km/h(5mile/h)时,识别并提醒驾驶员车辆行驶路径上的物体。物体的距离和位置由位于后保险杠上的 4 个物体传感器确定。倒车辅助系统使用无线电蜂鸣音频信号对驾驶员发出提醒。

2　驻车辅助系统部件组成

1)物体警报模块

物体警报模块提供 8V 参考电压和低电平参考电压至 4 个物体警报传感器。物体警报模块从 4 个传感器接收各自独立的信号,并基于这些输入信号确定物体的位置和距离。当检测到物体时,物体警报模块通过 CAN(Controller Area Network,控制器域网)总线向收音机发送一条数据信息,以请求发出音频警报。

2)物体警报传感器

物体警报传感器位于车辆的后保险杠上。该传感器用于确定物体和保险杠之间的距离。每个传感器发出一个超声波频率信号,被位于车辆前方或后方的任何物体反射,这些反射由传感器接收。发出频率和接收到反射之间的时间差,即传感器响铃时间,用于确定到物体的距离,传感器向物体警报模块报告此信息。

3)驻车辅助系统指示灯

如果物体检测系统检测到一个故障,就会点亮仪表板组合仪表上的驻车辅助系统指示灯。如果指示灯点亮,驻车辅助系统停用。

4)驻车辅助系统的操作

物体在传感器测量范围内时,超声波脉冲被反射,并被邻近传感器接收。传感器将此信号转换成电压信号并发送至物体警报模块。物体警报模块评估接收到的传感器信号。一旦物体在测量范围内,物体警报模块通过 CAN 总线向收音机发送一条信息,以发送声音距离信号,测量范围为 25～140cm(9.84～55.12in)。从 140cm(55.12in)处开始,声音信号启动,蜂鸣声的频率随着距离的减小而增大。距离小于 25cm(9.84in),声音会持续。

5) 通过接合倒挡启动和停用驻车辅助系统

物体警报模块执行自检并监测传感器,以查看是否有电气和机械故障。监测每个传感器的电源和传感器信号,这在车辆移动时会发生改变。如果不是这种情况,则传感器出现了声音阻塞或发生了故障,泥土、冰和雪均可能导致传感器功能障碍。此外,物体警报模块检测是否安装了正确类型的传感器。如果上述任何测试均未通过,则设置相应症状的故障诊断码,停用驻车辅助系统,并点亮仪表板组合仪表上的驻车辅助系统指示灯。

(三)科鲁兹轿车信号灯工作过程

❶ 后雾灯

通过按下后雾灯开关,使后雾灯开关信号电路通过电阻器瞬时搭铁。车身控制模块(BCM)使后雾灯电源电压电路通电,从而点亮后雾灯。后雾灯开关启动,车身控制模块通过串行数据向组合仪表发送信息,请求组合仪表点亮后雾灯指示灯。科鲁兹轿车后雾灯电路示意图如图 3-8 所示。

❷ 驻车灯、尾灯和牌照灯

当前照灯开关置于驻车灯或近光位置,或任何时候请求打开前照灯时,驻车灯、尾灯和牌照灯点亮。当车身控制模块接收到来自前照灯开关的请求以点亮驻车灯时,车身控制模块发送脉宽调制信号点亮驻车灯、尾灯和牌照灯。科鲁兹轿车驻车灯、尾灯和牌照灯电路示意图如图 3-9 所示。

❸ 转向信号灯

始终向转向信号/多功能开关提供搭铁。转向信号灯只在点火开关置于"ON"或"START"位置时才启动。当转向信号/多功能开关置于右转或左转位置时,通过右转或左转信号开关信号电路向车身控制模块提供搭铁。随后,车身控制模块通过相应的电源电压电路向前转向和后转向信号灯提供脉冲电压。车身控制模块接收到转向信号请求时,将串行数据信息发送至组合仪表,请求各转向信号指示灯点亮和熄灭。科鲁兹轿车转向信号灯电路示意图如图 3-10 所示。

学习任务 3　检测维修汽车信号系统

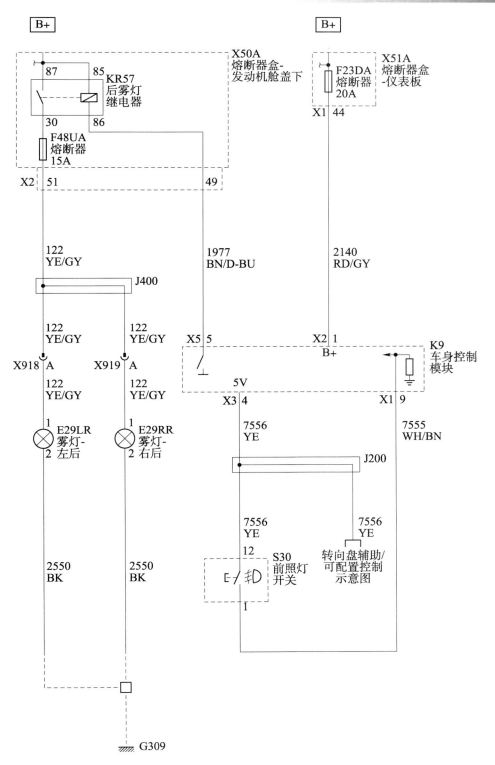

图 3-8　科鲁兹轿车后雾灯电路示意图

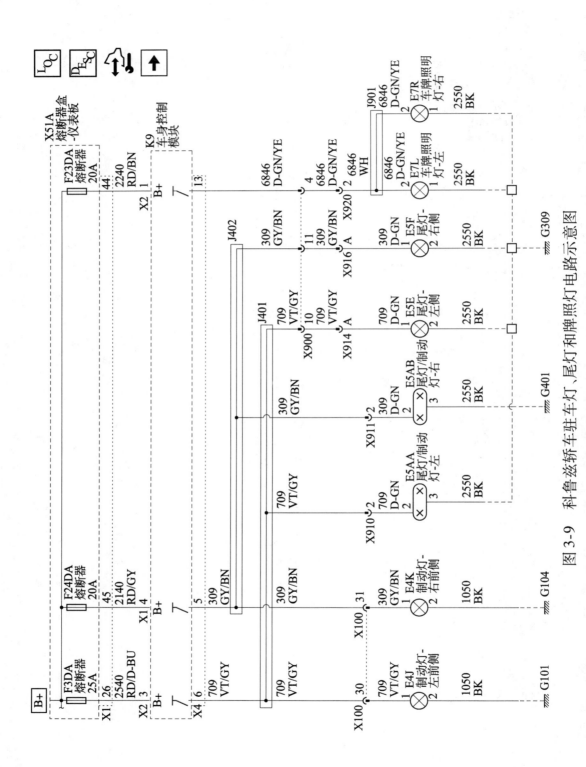

图 3-9 科鲁兹轿车驻车灯、尾灯和牌照灯电路示意图

学习任务3　检测维修汽车信号系统

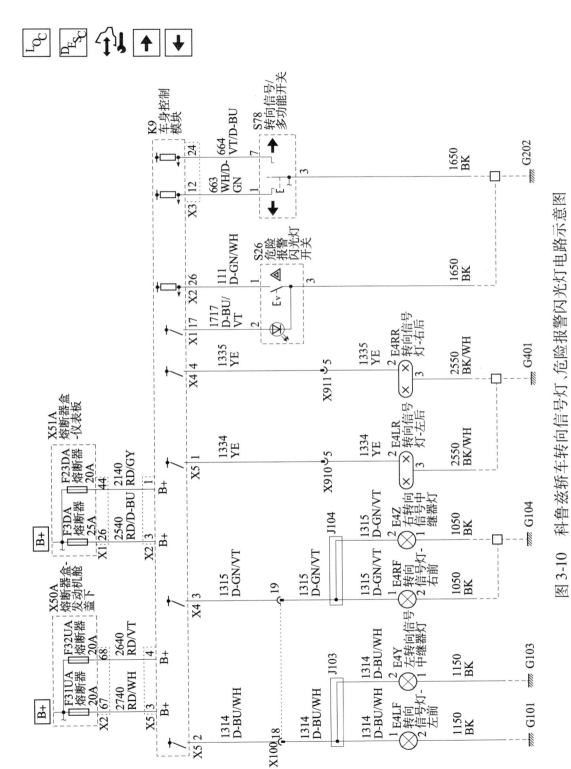

图 3-10　科鲁兹轿车转向信号灯、危险报警闪光灯电路示意图

4 危险报警闪光灯

危险报警闪光灯可以在任何电源模式下启动。危险报警开关永久性搭铁。当危险报警开关置于接通位置时,通过危险报警开关信号电路向车身控制模块提供搭铁。车身控制模块以"ON"和"OFF"占空比形式向所有转向信号灯提供蓄电池电压。当启动危险报警开关时,车身控制模块向组合仪表发送串行数据信息,请求危险报警闪光灯循环点亮和熄灭。科鲁兹轿车危险报警闪光灯电路示意图如图3-10所示。

5 制动灯

制动踏板位置(BPP)传感器用于感测驾驶员操作制动踏板的动作。制动踏板位置传感器提供一个模拟电压信号,当踩下制动踏板时该信号将增大。车身控制模块向制动踏板位置传感器提供一个低电平参考电压信号和一个5V参考电压。当可变信号达到指示制动器已接合的电压阈值时,车身控制模块将向制动灯控制电路和中央高位制动灯控制电路提供蓄电池电压,控制电路通电时制动灯点亮。科鲁兹轿车制动灯电路示意图如图3-11所示。

6 倒车灯

当变速器挂倒挡位置时,发动机控制模块(ECM)向车身控制模块发送串行数据信息。该信息指示变速器操纵杆置于倒挡。车身控制模块向倒车灯提供蓄电池电压。倒车灯永久性搭铁。一旦驾驶员将变速器操纵杆移出倒挡位置时,发动机控制模块通过串行数据发送信息,请求车身控制模块从倒车灯控制电路上撤销蓄电池电压。科鲁兹轿车倒车灯电路示意图如图3-11所示。

二 任务实施

(一)后雾灯电路检测

1 准备工作

(1)科鲁兹轿车维修手册。
(2)科鲁兹轿车。
(3)万用表。
(4)解码器。

2 技术要求与注意事项

(1)查阅维修手册,根据维修指导进行检测。

学习任务3　检测维修汽车信号系统

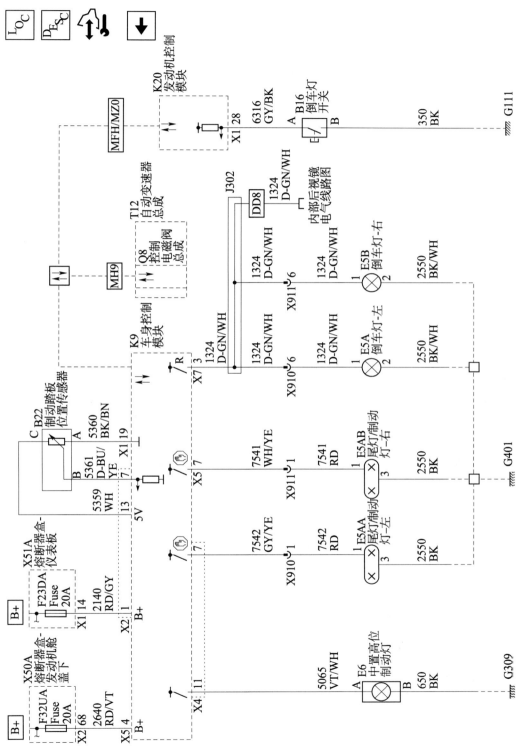

图 3-11　科鲁兹轿车制动灯、倒车灯电路示意图

(2) 在维修任何电气部件前,点火和起动开关必须置于"OFF"或"LOCK"位置,并且所有电气负载必须关闭,除非操作程序中另有说明。断开蓄电池负极电缆,以防止工具或设备接触裸露的电气端子而产生电火花。不遵守这些安全须知可能会导致人身伤害或车辆(车辆部件)损坏。

3 操作步骤

(1) 连接解码器,根据车主反映后雾灯不亮,进行后雾灯检测。

(2) 将点火开关置于"ON"位置,观察故障诊断仪"Rear Fog Lamps Switch"(后雾灯开关)参数。在按下和松开后雾灯开关按钮之间切换时,读数应在"Active/Inactive"(启动/未启动)之间变化。如果参数不在规定值之间切换,根据下列步骤检测后雾灯开关电路:

① 将点火开关置于"OFF"位置,断开 K9 车身控制模块的 X1 和 X3 线束连接器。

② 将点火开关置于"ON"位置,测试 K9 车身控制模块信号电路线束连接器端子 X1/9 和搭铁之间的电压是否低于 0.3V,见表 3-2。

后雾灯电路检测　　　　　　　　　　　　　　表 3-2

测 量 部 位	检 测 结 果	结 果 判 断
	小于 0.3V	正常
	大于规定值	测试信号电路是否对电压短路

③ 测试 K9 车身控制模块 12V 参考电压电路线束连接器端子 X3/4 和搭铁之间的电压是否低于 0.3V,见表 3-3。

后雾灯电路检测　　　　　　　　　　　　　　表 3-3

测 量 部 位	检 测 结 果	结 果 判 断
	小于 0.3V	正常
	大于规定值	测试 12V 参考电压电路是否对电压短路

④ 将点火开关置于"OFF"位置,测试 K9 车身控制模块信号电路线束连接器端子 X1/9 和搭铁之间的电阻是否为无穷大,见表 3-4。

学习任务3 检测维修汽车信号系统

后雾灯电路检测 表3-4

测量部位	检测结果	结果判断
	无穷大	正常
	小于规定值	测试信号电路是否对搭铁短路

⑤测试K9车身控制模块12V参考电压电路线束连接器端子X3/4和搭铁之间的电阻是否无穷大,见表3-5。

后雾灯电路检测 表3-5

测量部位	检测结果	结果判断
	无穷大	正常
	小于规定值	测试12V参考电压电路是否对搭铁短路

⑥按住前雾灯开关按钮,测试K9车身控制模块12V参考电压电路线束连接器端子X3/4和K9车身控制模块信号电路线束连接器端子X1/9之间的电阻是否为100~200Ω,见表3-6。

后雾灯开关电路检测 表3-6

测量部位	检测结果	结果判断
	100~200Ω	正常
	不在规定值范围内	测试12V参考电路和信号电路是否开路/电阻过大。如果电路测试正常,则更换S30前照灯开关

⑦如果所有电路测试正常,则更换K9车身控制模块。

(3)将点火开关置于"ON"位置,执行故障诊断仪"后雾灯继电器"测试。确认后雾灯点亮和熄灭。如果后雾灯不在指令的状态之间切换,根据下列步骤检测后雾灯控制电路：

①将点火开关置于"OFF"位置，断开尾灯的相应线束连接器左后雾灯（E29LR）或右后雾灯（E29RR）。

②测试 E29LR/2 与搭铁或 E29RR/2 与搭铁之间的电阻是否小于 5Ω，见表 3-7。

后雾灯开关电路检测　　　　　　　　　表 3-7

测量部位	检测结果	结果判断
	小于 5Ω	正常
	大于规定值	搭铁电路开路或电阻过大

③在 E29LR/1 与搭铁或 E29RR/1 与搭铁之间连接测试灯。

④将点火开关置于"ON"位置，执行后雾灯继电器测试。随着指令状态的切换，测试灯应点亮或熄灭，见表 3-8。

后雾灯开关电路检测　　　　　　　　　表 3-8

测量部位	检测结果	结果判断
	测试灯始终点亮	测试控制电路是否对电压短路。如果电路测试正常，则更换 K9 车身控制模块
	测试灯始终熄灭	测试控制电路是否对搭铁短路或开路/电阻过大。如果电路测试正常，则更换 K9 车身控制模块

学习任务 3　检测维修汽车信号系统

⑤如果所有电路测试都正常,测试或更换相应的尾灯。

(4)将点火开关置于"ON"位置,用故障诊断仪指令组合仪表所有指示灯点亮和熄灭,以进行测试。在指令状态之间切换时,后雾灯指示灯应点亮或熄灭。如果后雾灯指示灯始终点亮或始终熄灭,则更换 P16 组合仪表。

(5)开关静态测试。将点火开关置于"OFF"位置,断开 S30 前照灯开关的线束连接器。按住后雾灯开关按钮,测试 S30 前照灯开关端子 1 和端子 12 之间的电阻是否为 100~200Ω。如果不在规定范围内,则更换 S30 前照灯开关。

(二)驻车灯/牌照灯/尾灯电路检测

❶ 准备工作

(1)科鲁兹轿车维修手册。
(2)科鲁兹轿车。
(3)万用表。
(4)解码器。

❷ 技术要求与注意事项

(1)查阅维修手册,根据维修指导进行检测。

(2)在维修任何电气部件前,点火和起动开关必须置于"OFF"或"LOCK"位置,并且所有电气负载必须关闭,除非操作程序中另有说明。断开蓄电池负极电缆,以防止工具或设备接触裸露的电气端子而产生电火花。不遵守这些安全须知可能会导致人身伤害或车辆(车辆部件)损坏。

❸ 操作步骤

(1)连接解码器,根据车主反映对驻车灯、牌照灯和尾灯进行检测。

(2)用前照灯开关点亮和熄灭驻车灯。确认故障诊断仪"Park Lamp Switch"(驻车灯开关)参数按照指令在"Active"(启动)和"Inactive"(未启动)之间变化。如果参数不在规定值之间切换,根据下列步骤检测驻车灯开关电路:

①将点火开关置于"OFF"位置,断开 S30 前照灯开关的线束连接器。

②确认搭铁电路端子 S30/6 和 B+ 之间的测试灯点亮,见表 3-9。

③将点火开关置于"ON"位置,测试驻车灯信号电路端子 S30/3 和搭铁之间是否存在 B+ 电压,见表 3-10。

④在驻车灯点亮信号电路端子 S30/3 和搭铁之间安装一条带 3A 熔断器的跨接线。确认故障诊断仪"Parklamp Switch"(驻车灯开关)参数在"Active"(启动)和"Inactive"(未启动)之间变化,见表 3-11。

驻车灯、牌照灯和尾灯电路检测　　　　　　表 3-9

测量部位	检测结果	结果判断
	点亮	正常
	未点亮	测试搭铁电路是否开路/电阻过大

驻车灯、牌照灯和尾灯电路检测　　　　　　表 3-10

测量部位	检测结果	结果判断
	有 B + 电压	正常
	无 B + 电压	如果低于规定值,则测试信号电路是否对搭铁短路或开路/电阻过大。如果电路测试正常,则更换 K9 车身控制模块

驻车灯、牌照灯和尾灯电路检测　　　　　　表 3-11

测量部位	检测结果	结果判断
	始终为"Inactive"(未启动)	测试信号电路是否对电压短路或开路/电阻过大。如果电路测试正常,则更换 K9 车身控制模块
	始终为"Active"(启动)	测试信号电路是否对搭铁短路。如果电路测试正常,则更换 K9 车身控制模块

⑤如果所有电路测试正常,则更换 S30 前照灯开关。

(3)将点火开关置于"ON"位置,使用前照灯开关点亮和熄灭驻车灯和牌照灯。驻车灯和牌照灯应点亮或熄灭。如果尾灯不工作,根据下列步骤检测尾灯控制电路:

①将点火开关置于"OFF"位置,断开相应不工作尾灯的线束连接器。

②断开 C1 蓄电池的负极端子,测试尾灯搭铁电路线束连接器端子 E5AA/3 和 E5AB/3 与搭铁之间的电阻是否小于 5Ω,见表 3-12。

驻车灯、牌照灯和尾灯电路检测　　　　表 3-12

测 量 部 位	检 测 结 果	结 果 判 断
	小于 5Ω	正常
	大于规定值	测试搭铁电路是否开路/电阻过大

③重新连接负极端子至 C1 蓄电池,在尾灯控制电路线束连接器端子 E5AA/2 和 E5AB/2 与搭铁之间连接一个测试灯。将点火开关置于"ON"位置,使用前照灯开关点亮和熄灭尾灯。在点亮/熄灭状态之间切换时,测试灯应点亮和熄灭,见表 3-13。

④如果所有电路测试正常,则更换相应的不工作尾灯。

(4)将点火开关置于"ON"位置,使用前照灯开关点亮和熄灭驻车灯和牌照灯。驻车灯和牌照灯应点亮和熄灭。如果牌照灯不工作,根据下列步骤检测牌照灯控制电路:

①将点火开关置于"OFF"位置,断开 E7 牌照灯线束连接器。

②断开 C1 蓄电池的负极端子,测试牌照灯搭铁电路端子 E7/1 和搭铁之间的电阻是否小于 5Ω,见表 3-14。

驻车灯、牌照灯和尾灯电路检测　　　　　表 3-13

测量部位	检测结果	结果判断
	测试灯始终点亮	测试控制电路是否对电压短路。如果电路测试正常,则更换 K9 车身控制模块
	测试灯始终熄灭	测试控制电路是否对搭铁短路或开路/电阻过大。如果电路测试正常,则更换 K9 车身控制模块

驻车灯、牌照灯和尾灯电路检测　　　　　表 3-14

测量部位	检测结果	结果判断
	小于5Ω	正常
	大于规定值	测试搭铁电路是否开路/电阻过大

③重新连接负极端子至 C1 蓄电池,在牌照灯控制电路端子 E7/2 和搭铁之间连接一个测试灯,点亮驻车灯或近光灯,测试灯应点亮,见表 3-15。

驻车灯、牌照灯和尾灯电路检测　　　　　表 3-15

测量部位	检测结果	结果判断
	测试灯始终点亮	测试控制电路是否对电压短路。如果电路测试正常,则更换 K9 车身控制模块

续上表

测量部位	检测结果	结果判断
	测试灯始终熄灭	测试控制电路是否对搭铁短路或开路/电阻过大。如果电路测试正常,则更换K9车身控制模块

④如果所有电路测试正常,则更换牌照灯。

（三）转向信号灯电路检测

1 准备工作

（1）科鲁兹轿车维修手册。

（2）科鲁兹轿车。

（3）万用表。

（4）解码器。

2 技术要求与注意事项

（1）查阅维修手册,根据维修指导进行检测。

（2）在维修任何电气部件前,点火和起动开关必须置于"OFF"或"LOCK"位置,并且所有电气负载必须关闭,除非操作程序中另有说明。断开蓄电池负极电缆,以防止工具或设备接触裸露的电气端子而产生电火花。不遵守这些安全须知可能会导致人身伤害或车辆(车辆部件)损坏。

3 操作步骤

检查转向信号灯工作情况,将点火开关置于"ON"位置,在左侧和右侧位置之间切换S78转向信号/多功能开关时,观察故障诊断仪"Right Turn Signal Switch"(右侧转向信号开关)参数和"Left Turn Signal Switch"(左侧转向信号开关)参数。读数应在"Active"(启动)和"Inactive"(未启动)之间转换。

（1）如果读数没有随指令状态而改变,则根据以下步骤检查转向信号开关电路：

①将点火开关置于"OFF"位置,断开S78转向信号/多功能开关的线束连接器。

②将点火开关置于"OFF"位置,确认B+和搭铁电路端子S78/3之间的测试灯点亮,见表3-16。

转向信号灯电路检测　　　　　　　　表 3-16

测 量 部 位	检 测 结 果	结 果 判 断
	测试灯点亮	正常
	测试灯未点亮	测试搭铁电路是否开路/电阻过大

③将点火开关置于"ON"位置,确认故障诊断仪"Left Turn Signal Switch"(左侧转向信号开关)参数为"Inactive"(未启动),见表 3-17。

转向信号灯电路检测　　　　　　　　表 3-17

测 量 部 位	检 测 结 果	结 果 判 断
	参数显示"未启动"	正常
	参数显示"启动"	测试信号电路端子 S78/1 是否对搭铁短路。如果电路测试正常,则更换 K9 车身控制模块

④确认故障诊断仪"Right Turn Signal Switch"(右侧转向信号开关)参数为"Inactive"(未启动),见表 3-18。

转向信号灯电路检测　　　　　　　　表 3-18

测 量 部 位	检 测 结 果	结 果 判 断
	参数显示"未启动"	正常

续上表

测量部位	检测结果	结果判断
	参数显示"启动"	测试信号电路端子 S78/7 是否对搭铁短路。如果电路测试正常,则更换 K9 车身控制模块

⑤在信号电路端子 S78/1 和搭铁之间安装一条带 3A 熔断器的跨接线。确认故障诊断仪"Left Turn Signal Switch"(左侧转向信号开关)参数为"Active"(启动),见表3-19。

转向信号灯电路检测　　表3-19

测量部位	检测结果	结果判断
	参数显示"启动"	正常
	参数显示"未启动"	测试信号电路是否对电压短路或开路/电阻过大。如果电路测试正常,则更换 K9 车身控制模块

⑥在信号电路端子 S78/7 和搭铁之间安装一条带 3A 熔断器的跨接线。确认故障诊断仪"Right Turn Signal Switch"(右侧转向信号开关)参数为"Active"(启动),见表3-20。

转向信号灯电路检测　　表3-20

测量部位	检测结果	结果判断
	参数显示"启动"	正常
	参数显示"未启动"	测试信号电路是否对电压短路或开路/电阻过大。如果电路测试正常,则更换 K9 车身控制模块

⑦如果所有电路测试正常,则测试或更换 S78 转向信号/多功能开关。

(2)如果读数随指令状态改变且组合仪表转向信号指示灯正常工作,但转向

信号灯不亮,则按照下列步骤检测转向信号灯控制电路:

①将点火开关置于"OFF"位置,断开不工作的转向信号灯的线束连接器。

②断开 C1 蓄电池的负极端子,将点火开关置于"OFF"位置,熄灭车外灯,测试下列相应搭铁电路端子和搭铁之间的电阻是否小于5Ω,见表3-21。

转向信号灯电路检测   表 3-21

测 量 部 位	检 测 结 果	结 果 判 断
	小于 5Ω	如果大于规定范围,则测试搭铁电路是否开路/电阻过大

③重新连接负极端子至 C1 蓄电池,在下列相应控制电路端子和搭铁之间连接一个测试灯,使用故障诊断仪,指令相应转向信号灯点亮或熄灭。在指令状态之间切换,见表3-22。

转向信号灯电路检测   表 3-22

测 量 部 位	检 测 结 果	结 果 判 断
	测试灯应随故障诊断仪指令状态的切换点亮和熄灭	如果测试灯始终点亮,则测试控制电路是否对电压短路。如果电路测试正常,则更换 K9 车身控制模块
		如果测试灯始终熄灭,那么测试控制电路是否对搭铁短路或开路/电阻过大。如果电路测试正常,则更换 K9 车身控制模块

④如果所有电路测试正常,则更换相应的转向信号灯总成。

(3)如果读数随指令状态改变且组合仪表转向信号指示灯不工作,但转向信号灯正常点亮和熄灭,则按照下列步骤检测转向信号指示灯故障:

①将点火开关置于"ON"位置,使用故障诊断仪进行所有指示灯测试,指令其点亮或熄灭。

②确认两个转向信号指示灯在点亮和熄灭之间变化。如果在测试期间两个转向信号指示灯在点亮和未点亮之间变化,则更换 K9 车身控制模块;如果在测试期间一个或两个转向信号指示灯都未点亮或始终点亮,则更换 P16 组合仪表。

三 学习拓展

❶ 准备工作

(1)科鲁兹轿车维护手册。
(2)科鲁兹轿车。
(3)常用拆装工具。

❷ 技术要求与注意事项

(1)正确检索资料。
(2)根据维修资料进行规范操作。
(3)卤素灯泡内含压力气体,如果处理不当会使灯泡爆炸成玻璃碎片。为避免人身伤害,在更换灯泡前,关闭灯开关并使灯泡冷却;保持灯的开关关闭,直到换完灯泡;更换卤素灯泡时,务必戴上防护眼镜;拿灯泡时,只能拿住灯座;避免接触玻璃;灯泡要避免黏附灰尘和湿气;正确处理旧灯泡。

❸ 操作步骤

后雾灯更换操作步骤见表 3-23。

后雾灯更换操作步骤　　表 3-23

示　意　图	操 作 步 骤
	步骤一:使用一个小的平刃工具拉起并松开行李舱盖锁闩盖

续上表

示意图	操作步骤
	步骤二：拆卸行李舱盖内装饰板固定件，取下行李舱盖内装饰板
	步骤三：断开后雾灯总成电气连接器
	步骤四：拆下上侧和下侧固定螺母
	步骤五：从车外行李舱盖板上向外推灯总成的内边缘
	步骤六：从后雾灯总成上拆下并移开灯座
	步骤七：更换后雾灯灯泡

四 评价与反馈

❶ 自我评价与反馈

通过对科鲁兹车型信号系统的检修,你应该对科鲁兹车型信号系统有了比较全面的认识。结合你的工作体会,正确回答下列问题。

(1) 如何对雾灯开关进行静态测试?

_____

_____。

(2) 实训过程完成情况如何?

_____

_____。

(3) 通过本学习任务的学习,你认为自己的知识和技能还有哪些欠缺?

_____

_____。

签名:_____   ____年____月____日

❷ 小组评价与反馈

小组评价与反馈表见表 3-24。

小组评价与反馈表　　　　　　　　　　　表 3-24

序号	评价项目	评价情况
1	着装是否符合要求	
2	是否能够合理规范地使用仪器和设备	
3	是否按照安全和规范的流程操作	
4	是否遵守学习、实训场地的规章制度	
5	是否能够保持学习、实训场地的整洁	
6	团结协作情况	

参与评价的同学签名:_____   ____年____月____日

❸ 教师评价及反馈

_____

_____。

教师签名：_____　　　____年___月___日

五 技能考核标准

技能考核标准表见表3-25。

技能考核标准表　　　　　　　　表 3-25

序号	项目	操作内容	规定分	评分标准	得分
1	检测维修汽车信号系统	前期准备	8分	安装座椅套、地板垫、转向盘套	
				安装翼子板布	
				安装前格栅布	
				工具仪器准备	
2		安全检查	8分	安装车轮挡块	
				检查机油、冷却液	
				现场安全检查确认	
3		仪器连接	5分	点火开关关闭	
				正确连接诊断仪器	
4		故障码检查	10分	正确读取并记录故障码	
				相关数据流确认	
				故障码清除	
5		目视检查	5分	管线连接、机件状况	
6		确认故障症状	5分	检查系统各部件的工作情况	
7		故障码再次检查	10分	正确读取并记录故障码	
				相关数据流内容	
				故障码再次清除	

续上表

序号	项目	操 作 内 容	规定分	评 分 标 准	得分
8	检测维修汽车信号系统	元件测量	10分	正确查阅资料确认测试接头及线路	
				正确选择测量仪具	
				正确连接测量仪具	
				正确读取和记录数据	
				正确分析测量结果	
9		电路测量	10分	正确查阅资料确认测试接头及线路	
				正确选择测量仪具	
				正确连接测量仪具	
				正确读取和记录数据	
				正确分析测量结果	
10		故障点确认和排除	10分	正确说明故障点	
				正确排除故障点	
11		故障码再次检查	10分	正确读取并记录故障码	
				相关数据流内容	
				故障码再次清除	
12		零部件的拆装	9分	操作不当	
		总分	100分		

学习任务4　检测维修汽车电动刮水系统

 学习目标：

☆知识目标

1. 掌握汽车电动刮水系统的组成和功能；
2. 掌握常规车型电动刮水系统电路图读图方法；
3. 能够根据电路图描述汽车电动刮水系统的工作过程；
4. 能够通过查阅相关资料分析汽车电动刮水系统故障的原因。

☆技能目标

1. 根据故障现象，能够通过查阅相关资料，制订检测方案，利用解码器、测试灯、万用表等检测仪器对汽车电动刮水系统进行检测；
2. 根据维修手册技术要求对故障部件进行维修、更换。

 建议课时：

18课时。

学习任务4 检测维修汽车电动刮水系统

车主反映车辆刮水器与洗涤器功能部分失效,该车为雪佛兰科鲁兹自动挡轿车。维修人员对刮水器与洗涤器系统进行了检查,除了车主反映的故障现象外,其他均正常,初步判断是由电气故障引起的,需要对该车刮水器与洗涤器系统进行检测。

请熟悉汽车刮水器与清洗器系统电路图,并通过维修手册查找连接器、熔断器、刮水器开关、刮水器、洗涤器等安装位置,制订检测步骤,排除故障。

一 理论知识准备

(一)风窗玻璃刮水器

❶ 风窗玻璃刮水器的作用

风窗玻璃刮水器的作用是清除风窗玻璃上的雨水、雪花或尘土,以确保驾驶员有良好的视野。

现代汽车均使用电动机驱动刮水器,这样可以保持一定速度摆动,不受发动机转速与负荷变动的影响,且可以随驾驶员的需要及雨势大小调整动作速度。

❷ 风窗玻璃刮水器的组成

风窗玻璃刮水器的组成如图4-1所示,其主要由直流电动机、蜗轮箱、曲柄、连杆、摆杆、摆臂和刮水片等组成。一般电动机和蜗杆箱结合成一体组成刮水器电动机总成。曲柄、连杆和摆杆等杆件可以把涡轮的旋转运动转变为摆臂的往复摆动,使摆臂上的刮水片实现刮水动作。

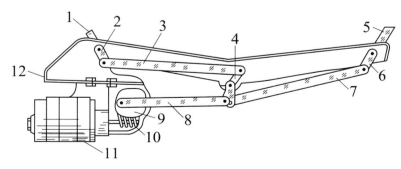

图4-1 风窗玻璃刮水器的组成

1、5-刷架;2、4、6-摆杆;3、7、8-拉杆;9-蜗轮;10-蜗杆;11-电动机;12-底板

（二）风窗玻璃洗涤器

1 风窗玻璃洗涤器的作用

汽车行驶时，风窗玻璃上常附着灰尘、砂粒等，若不冲洗就直接使用刮水器，会使刮水片损伤，并易使风窗玻璃刮伤；同时风窗玻璃太干燥时，也会使刮水片受到过大的阻力，易使刮水器电动机烧坏。故使用刮水器前，先使用风窗玻璃洗涤器向风窗玻璃喷水，洗净玻璃上的灰尘、砂粒等，以减少刮水片的阻力。

2 风窗玻璃洗涤器的组成

风窗玻璃洗涤器与刮水器配合使用，可以使汽车风窗玻璃刮水器更好地完成刮水工作，并获得更好的刮水效果。

如图4-2所示，风窗玻璃洗涤器主要由储液罐、洗涤泵、输液管、喷嘴等组成。洗涤泵一般由永磁直流电动机和离心叶片泵组装成为一体，喷射压力可达70～88kPa。洗涤泵一般直接安装在储液罐上，但也有安装在管路内的。在离心泵的进口处设置有滤清器。洗涤泵喷嘴安装在风窗玻璃的下面，其喷嘴方向可以根据使用情况调整，喷水直径一般为0.8～1.0mm，能够使洗涤液喷射在风窗玻璃的适当位置。

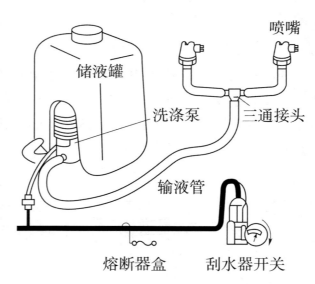

图4-2 风窗玻璃洗涤器的组成

3 风窗玻璃洗涤器的合理使用

洗涤泵的连续工作时间不应超过1min。对于刮水和洗涤分别控制的汽车，应先开启洗涤泵,再接通刮水器。喷水停止后,刮水器应继续刮动3~5次,以便达到良好的清洁效果。为了能刮掉风窗玻璃上的油、蜡等物,可在水中添加少量的去垢剂和防锈剂。强效洗涤液的去垢效果好,但会使风窗玻璃密封条和刮片胶条变质,还会引起车身喷漆变色以及储液罐、喷嘴等塑料件的开裂。冬季使用洗涤器时,为了防止洗涤液的冻结,应添加甲醇、异丙醇、甘醇等防冻剂,再加入少量的去垢剂和防锈剂,即成为低温洗涤液,可使凝固温度下降到-20℃以下。冬季不用洗涤器时,应将洗涤管中的水倒掉。

洗涤器组成

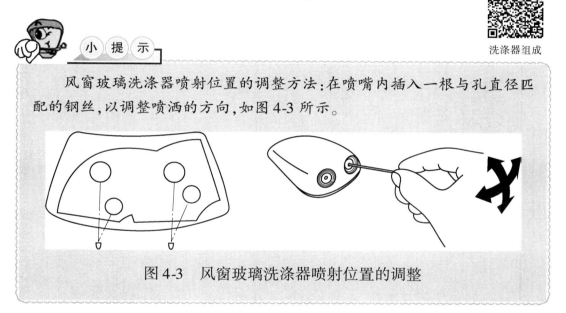

小提示

风窗玻璃洗涤器喷射位置的调整方法:在喷嘴内插入一根与孔直径匹配的钢丝,以调整喷洒的方向,如图4-3所示。

图4-3 风窗玻璃洗涤器喷射位置的调整

(三)科鲁兹轿车刮水器/洗涤器系统组成

刮水器/洗涤器系统由以下电气部件组成:

(1)风窗玻璃洗涤液泵;

(2)风窗玻璃刮水器电动机;

(3)风窗玻璃刮水器/洗涤器开关;

(4)车身控制模块(BCM)。

(四)科鲁兹轿车风窗玻璃刮水器与洗涤器电路工作过程

1 风窗玻璃刮水器系统

按照风窗玻璃刮水器开关的指示,车身控制模块(BCM)通过监测来自前刮水器/洗涤器开关的几个信号确定前刮水器/洗涤器系统的操作模式。

科鲁兹轿车风窗玻璃刮水器电动机电路示意图如图4-4所示。

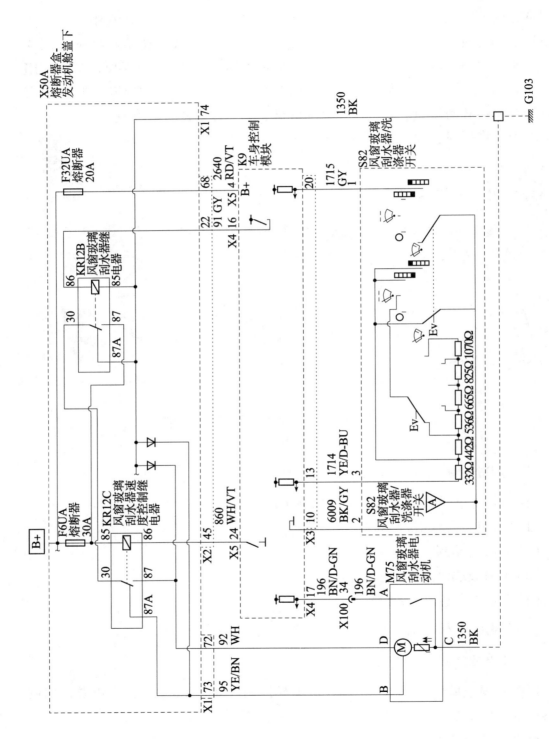

图 4-4 科鲁兹轿车风窗玻璃刮水器电动机电路示意图

学习任务 4　检测维修汽车电动刮水系统

风窗玻璃刮水器/洗涤器开关从车身控制模块接收参考搭铁信号。每个车身控制模块的输入信号为其收到的各个前刮水器/洗涤器开关输出信号提供可开关的蓄电池上拉电压。当刮水器开关向搭铁参考信号提供通路时,所有车身控制模块输入信号被视为启动。车身控制模块接收到的第一个信号是由配置为电阻阶梯网络的前刮水器开关内的 6 个电阻产生的。该信号连接至车身控制模块的模/数转换输入装置。根据选择功能(高、低、间歇 1~5、除雾、关闭),前刮水器控制开关将不同的电阻器组连接至电路,从而在车身控制模块的数模(转换)输入上产生不同的电压。通过监测此电压,车身控制模块可以确定如何控制刮水器电动机接通/断开继电器。应注意,高速、低速和除雾功能在此信号电路上的值相同。只有当风窗玻璃刮水器开关置于高速刮水器位置时,从风窗玻璃刮水器开关接收到的第二个信号才启动。当刮水器开关未置于高速位置时,开关断开,信号电路被车身控制模块拉接至蓄电池电压;当刮水器开关处于高速位置时,开关将电路电压拉低。车身控制模块根据输入信号确定如何控制刮水器高/低速继电器。从风窗玻璃刮水器开关接收到的第三个信号来自瞬时风窗玻璃洗涤器控制开关。当洗涤器开关未启动时,开关断开,信号电路被车身控制模块拉至蓄电池电压;当洗涤器开关启动时,开关将电路电压拉低。车身控制模块控制风窗玻璃洗涤器并且风窗玻璃洗涤器根据此输入信号启动刮水器操作。

车身控制模块通过两个输出信号和对一个输入信号的监测来控制风窗玻璃刮水器电动机操作,这两个输出信号(一个高压侧驱动,一个低压侧驱动)用来控制两个外部刮水器电动机继电器。风窗玻璃刮水器电动机接通/断开继电器的过程是:由车身控制模块的高压侧驱动信号(可开关的蓄电池电压信号)启动时,向刮水器电动机提供蓄电池电源。当左侧被停用时,常闭触点向刮水器电动机提供搭铁。对于刮水器高/低速继电器,由车身控制模块的低压侧驱动信号(搭铁)启动时,将刮水器电动机接通/断开继电器提供的电源切换至电动机高速输入信号。当左侧被停用时,常闭触点将刮水器电动机接通/断开继电器提供的电源连接至电动机低速输入信号上。车身控制模块使用的输入信号来自刮水器电动机总成内的停止开关。刮水器刮片未置于停止位置时,刮水器停止开关断开,电路被车身控制模块拉至蓄电池电压;当刮水器刮片置于玻璃底部的驻车位置时,刮水器停止开关对搭铁关闭,以将驻车信号电路拉至低速。

为了启动低速操作,车身控制模块只对风窗玻璃刮水器电动机接通/断开继电器通电,从而使来自刮水器熔断器的蓄电池电压通过刮水器电动机接通/断开继电器的开关触点和刮水器高/低速继电器的常闭触点,施加于风窗玻璃刮水器电动机的低速控制电路。

其余的通过高速开关控制。车身控制模块提供了冗余电路，在低速和高速刮水器开关输入信号启动时，将蓄电池电源施加到刮水器电动机接通/断开继电器的输出上。即使模块失去所有的微处理器控制，车身控制模块也应能执行该功能。当电源模式处于"RUN"（运行）和"CRANK"（启动）时，冗余电路应提供电源电压；但是当电源模式处于"CRANK"（启动）时，仅当车身控制模块的处理器运行状态不正确时，电源才会流通。

为了启动高速操作，车身控制模块使风窗玻璃刮水器电动机接通/断开继电器和刮水器高速/低速继电器通电，从而使来自刮水器熔断器的蓄电池电压通过刮水器电动机接通/断开继电器的开关触点，以及刮水器高速/低速继电器的开关触点，施加于风窗玻璃刮水器电动机的高速控制电路。

停止刮水器电动机。为对停止开关精确读数并确保刮水器在停止位置时终止操作，刮水器仅在低速刮水器模式下停止。这就要求如果在需要停止时刮水器处于高速操作模式，车身控制模块将在尝试停止前通过停用刮水器高速/低速继电器将刮水器切换至低速。为了使刮水器停止，车身控制模块监控停止电路直至停止开关将停止电路拉至搭铁。此时，车身控制模块将立即停用刮水器电动机接通/断开继电器。继电器触点将切换至其常闭位置并通过刮水器高速/低速继电器的常闭触点将搭铁施加至刮水器电动机的电源输入。这将使刮水器电动机停用并动态制动至停止位置。当刮水器电动机处于循环中间位置而刮水器开关转至关闭位置时，车身控制模块将继续操作电动机，直到刮水器到达停止位置。如果车身控制模块运行刮水器电动机，且8s后停止开关状态没有切换，则当刮水器开关置于"OFF"位置时刮水器将立即停止。当刮水器处于循环中间位置时，如果将点火开关置于"OFF"位置，无论刮水器处于什么位置都将立即停止工作。当下一次点火开关置于"ON"位置时，车身控制模块将使刮水器停止。

除了除雾开关是按下松开型之外，风窗玻璃刮水器系统的除雾操作与低速操作相同。当刮水器开关移至除雾位置并松开时，低速刮水器电动机操作启动并持续工作到一个循环结束。如果刮水器开关移至并保持在除雾位置时，刮水器电动机将在低速模式下工作，直到开关松开。

风窗玻璃刮水器间歇性操作是低速刮水器电动机的一项功能，在刮水器电动机循环之间有可变延迟间隔。延迟持续时间由前风窗玻璃刮水器开关的间歇设置1~5控制。刮水器操作如下：

(1) 车身控制模块将通过启动其前风窗玻璃刮水器接通/断开继电器输出启

用单个刮水操作;

(2) 单个刮水操作完成时,车身控制模块将按上述描述停止刮水器;

(3) 车身控制模块随后将刮水器暂停于其停止位置,暂停时间为间歇延迟开关设置的延迟持续时间;

(4) 当延迟时间期满,重复步骤 1 和步骤 3,直至系统被关闭或转出间歇模式。如果刮水器开关从较长的延迟间隔转至较短的延迟间隔,车身控制模块将立即指令刮水循环并将延迟时间重新设置为较短的延迟间隔。

间歇刮水器操作可能对车速较为敏感。启用时,如果提速,速度补偿的间歇功能将使间歇刮水器的延迟间隔变短。随着车速降低,延迟间隔将更接近预先设定的时间。

❷ 风窗玻璃洗涤器系统

科鲁兹轿车风窗玻璃洗涤器电路示意图如图 4-5 所示。

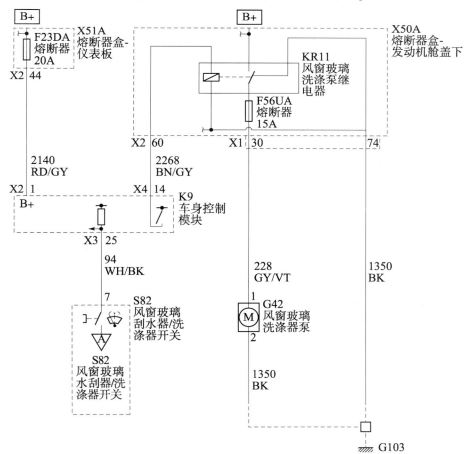

图 4-5 科鲁兹轿车风窗玻璃洗涤器电路示意图

车身控制模块控制风窗玻璃洗涤操作和风窗玻璃洗涤所激活的刮水器操作。当车身控制模块检测到瞬时风窗玻璃洗涤控制开关启动时,车身控制模块会启用其洗涤液泵继电器驱动输出信号,该信号将蓄电池电源提供给洗涤液泵继电器的线圈。这使得继电器通电,从而将蓄电池电源施加至泵电动机。车身控制模块也将如上所述启用低速风窗玻璃刮水器连续操作。风窗玻璃洗涤控制开关停用后,刮水器控制模块(BCM)将停用洗涤电动机,同时也将按如上所述停止刮水器电动机(除非水滴刮水功能已启用)。当开关松开且不再提供洗涤液后,一些车辆的水滴刮水功能将启用,并使系统提供风窗玻璃的追加刮水。风窗玻璃洗涤功能可能尝试检测开关是否卡滞。启用时,洗涤功能的启动可能限制在10s内。

带有后窗洗涤功能的车辆将使用单个反向洗涤器电动机来完成前后洗涤操作。在此系统中,洗涤器电动机在一个方向运行,向前风窗玻璃喷淋洗涤液,然后以相反的方向运行,向后窗喷淋洗涤液。车身控制模块通过两个高电平侧驱动输出控制反向洗涤器电动机,一个控制前窗刮水器电动机继电器,一个控制后窗刮水器继电器。

二 任务实施

(一)风窗玻璃刮水器开关电路检测

1 准备工作

(1)科鲁兹轿车维修手册。
(2)科鲁兹轿车。
(3)万用表。
(4)解码器。

2 技术要求与注意事项

(1)查阅维修手册,根据维修指导进行检测。
(2)在维修任何电气部件前,点火和起动开关必须置于"OFF"或"LOCK"位置,并且所有电气负载必须关闭,除非操作程序中另有说明。断开蓄电池负极电缆,以防止工具或设备接触裸露的电气端子而产生电火花。不遵守这些安全须知可能会导致人身伤害或车辆(车辆部件)损坏。

3 操作步骤

连接解码器,将刮水器开关置于"OFF"位置,确认故障诊断仪"Windshield

学习任务 4　检测维修汽车电动刮水系统

Washer Switch"（风窗玻璃洗涤器开关）参数为"Off"；确认故障诊断仪"Windshield Wiper High Speed Switch"（风窗玻璃刮水器高速开关）参数为"Inactive"（未启动）；将刮水器开关置于"LOW"（低速）位置，确认故障诊断仪"Windshield Wiper Switch"（风窗玻璃刮水器开关）参数为"Low"（低速）；将刮水器开关置于"HIGH"（高速）位置，确认故障诊断仪"Windshield Wiper High Speed Switch"（风窗玻璃刮水器高速开关）参数为"Active"（启动）。当利用解码器进行以上开关数据流检测不满足条件时，说明风窗玻璃刮水器开关及其电路存在故障，需按照下列检测步骤查找故障点：

(1) 将点火开关置于"OFF"位置，断开 S82 风窗玻璃刮水器/洗涤器开关处的线束连接器。

(2) 确认低电平参考电压电路端子 S82/2 和 B+ 之间的测试灯点亮，见表 4-1。

风窗玻璃刮水器开关电路检测　　　　　　　　　表 4-1

测 量 部 位	检 测 结 果	结 果 判 断
	测试灯点亮	正常
	测试灯未点亮	测试低电平参考电压电路是否开路/电阻过大。如果电路测试正常，则更换 K9 车身控制模块

(3) 将点火开关置于"ON"位置，测试信号电路端子 S82/1 和搭铁之间的电压是否高于 10V，见表 4-2。

风窗玻璃刮水器开关电路检测　　　　　　　　　表 4-2

测 量 部 位	检 测 结 果	结 果 判 断
	高于 10V	正常
	低于 10V	测试信号电路是否开路/电阻过大或对搭铁短路。如果电路测试正常，则更换 K9 车身控制模块

(4) 测试信号电路端子 S82/3 和搭铁之间的电压是否高于 10V，见表 4-3。

风窗玻璃刮水器开关电路检测　　　表 4-3

测 量 部 位	检 测 结 果	结 果 判 断
	高于 10V	正常
	低于 10V	测试信号电路是否开路/电阻过大或对搭铁短路。如果电路测试正常,则更换 K9 车身控制模块

（5）如果所有电路测试正常,则测试或更换 S82 风窗玻璃刮水器/洗涤器开关。

（6）将刮水器开关置于"INT"（间歇）位置,从长延迟到短延迟切换延时调节开关时,观察故障诊断仪"Windshield Wiper Switch"（风窗玻璃刮水器开关）参数。选择各延迟位置时,参数应在"D1"（延迟 1）和"D5"（延迟 5）之间循环切换。如果不是规定值,则更换风窗玻璃刮水器/洗涤器开关。

（二）风窗玻璃刮水器电动机电路检测

1　准备工作

（1）科鲁兹轿车维修手册。

（2）科鲁兹轿车。

（3）万用表。

（4）解码器。

2　技术要求与注意事项

（1）查阅维修手册,根据维修指导进行检测。

（2）在维修任何电气部件前,点火和起动开关必须置于"OFF"或"LOCK"位置,并且所有电气负载必须关闭,除非操作程序中另有说明。断开蓄电池负极电缆,以防止工具或设备接触裸露的电气端子而产生电火花。不遵守这些安全须知可能会导致人身伤害或车辆(车辆部件)损坏。

3　操作步骤

操作风窗玻璃刮水器开关各个功能,通过解码器读取对应的开关数据信号是否符合要求。如果开关各个数据功能均正常,但刮水器工作异常,则需要按照下列步骤检查风窗玻璃刮水器的电动机电路:

学习任务 4 检测维修汽车电动刮水系统

(1)将点火开关置于"OFF"位置,断开 KR12B 风窗玻璃刮水器继电器。

(2)测试搭铁电路端子 KR12B/85 和搭铁之间的电阻是否小于 5Ω,见表 4-4。

风窗玻璃刮水器电动机电路检测　　　　表 4-4

测量部位	检测结果	结果判断
	小于 5Ω	正常
	大于 5Ω	测试搭铁电路是否开路/电阻过大

(3)测试搭铁电路端子 KR12B/87A 和搭铁之间的电阻是否小于 5Ω,见表 4-5。

风窗玻璃刮水器电动机电路检测　　　　表 4-5

测量部位	检测结果	结果判断
	小于 5Ω	正常
	大于 5Ω	测试搭铁电路是否开路/电阻过大

(4)将点火开关置于"ON"位置,确认 B+电路端子 KR12B/87 和搭铁之间的测试灯点亮,见表 4-6。

风窗玻璃刮水器电动机电路检测　　　　表 4-6

测量部位	检测结果	结果判断
	测试灯点亮	正常
	测试灯未点亮	测试或更换 X50A 发动机舱盖下熔断器盒

(5)在控制电路端子 KR12B/86 和搭铁之间安装一个测试灯。

根据读取故障码及查阅维修手册确定故障范围。使用 S82 风窗玻璃刮水器/洗涤器开关指令低速刮水器打开和关闭。测试灯应按指令点亮或熄灭,见表 4-7。

风窗玻璃刮水器电动机电路检测　　　　表 4-7

测 量 部 位	检 测 结 果	结 果 判 断
	测试灯正常点亮和熄灭	正常
	测试灯始终点亮	测试控制电路是否对电压短路。如果电路测试正常，则更换 K9 车身控制模块
	测试灯始终熄灭	测试控制电路是否对搭铁短路或开路/电阻过大。如果电路测试正常，则更换 K9 车身控制模块

（6）将点火开关置于"OFF"位置，断开 KR12C 风窗玻璃刮水器速度控制继电器。测试 KR12B/30 和 KR12C/30 之间的电阻是否小于 5Ω，见表 4-8。

风窗玻璃刮水器电动机电路检测　　　　表 4-8

测 量 部 位	检 测 结 果	结 果 判 断
	小于 5Ω	正常
	大于 5Ω	更换 X50A 发动机舱盖下熔断器盒

（7）连接 KR12B 风窗玻璃刮水器继电器。测试风窗玻璃刮水器速度控制继电器的控制电路端子 KR12C/30 和搭铁之间的电阻是否小于 5Ω，见表 4-9。

风窗玻璃刮水器电动机电路检测　　　　表 4-9

测 量 部 位	检 测 结 果	结 果 判 断
	小于 5Ω	正常
	大于 5Ω	测试或更换 KR12B 风窗玻璃刮水器继电器

学习任务 4　检测维修汽车电动刮水系统

（8）将点火开关置于"ON"位置,确认风窗玻璃刮水器速度控制继电器的 B + 电路端子 KR12C/85 和搭铁之间的测试灯点亮,见表 4-10。

风窗玻璃刮水器电动机电路检测　　　　　　　　表 4-10

测量部位	检测结果	结果判断
	测试灯点亮	正常
	测试灯未点亮	测试或更换 X50A 发动机舱盖下熔断器盒

（9）在风窗玻璃刮水器速度控制继电器的控制电路端子 KR12C/30 和搭铁之间安装一个测试灯。使用 S82 风窗玻璃刮水器/洗涤器开关指令低速刮水器打开。当指令低速刮水器时,测试灯应点亮,见表 4-11。

风窗玻璃刮水器电动机电路检测　　　　　　　　表 4-11

测量部位	检测结果	结果判断
	测试灯点亮	正常
	测试灯未点亮	更换 KR12B 风窗玻璃刮水器继电器

（10）在风窗玻璃刮水器速度控制继电器的控制电路端子 KR12C/86 和 B + 之间安装一个测试灯。使用 S82 风窗玻璃刮水器/洗涤器开关指令高速刮水器打开和关闭,测试灯应按指令点亮或熄灭,见表 4-12。

风窗玻璃刮水器电动机电路检测　　　　　　　　表 4-12

测量部位	检测结果	结果判断
	测试灯正常点亮或熄灭	正常
	测试灯始终点亮	测试控制电路是否对搭铁短路。如果电路测试正常,则更换 K9 车身控制模块

续上表

测量部位	检测结果	结果判断
	测试灯始终熄灭	测试控制电路是否对电压短路或断路/电阻过大。如果电路测试正常，则更换 K9 车身控制模块

（11）将点火开关置于"OFF"位置，连接 KR12C 风窗玻璃刮水器速度控制继电器。断开 M75 风窗玻璃刮水器电动机处的线束连接器 X1。测试搭铁电路端子 M75/C 和搭铁之间电阻是否小于 5Ω，见表 4-13。

风窗玻璃刮水器电动机电路检测　　　　　表 4-13

测量部位	检测结果	结果判断
	小于 5Ω	正常
	大于 5Ω	测试搭铁电路是否开路/电阻过大

（12）在控制电路端子 M75/B 和搭铁之间连接一个测试灯。将点火开关置于"ON"位置，使用 S82 风窗玻璃刮水器/洗涤器开关指令低速刮水器打开和关闭，在指令状态之间切换时，测试灯应点亮或熄灭，见表 4-14。

（13）在控制电路端子 M75/D 和搭铁之间连接一个测试灯。使用 S82 风窗玻璃刮水器/洗涤器开关指令高速刮水器打开和关闭。在指令状态之间切换时，测试灯应点亮或熄灭，见表 4-15。

（14）如果所有电路测试正常，则测试或更换 M75 风窗玻璃刮水器电动机。

（15）观察故障诊断仪"BCM Wiper Park Switch"（车身控制模块刮水器停止开关）参数。当刮水器停止时，读数应该显示为"Active"（启动）；当刮水器开启或移出停止位置时，应该显示为"Inactive"（未启动）。如果"Wiper Park Switch"

学习任务 4　检测维修汽车电动刮水系统

(刮水器停止开关)参数始终为"Active"(启动)或"Inactive"(未启动),或刮水器未停止,则按照下列步骤检测刮水器停止电路:

风窗玻璃刮水器电动机电路检测　　　　　　　　表 4-14

测 量 部 位	检 测 结 果	结 果 判 断
	测试灯正常点亮或熄灭	正常
	测试灯始终点亮	测试控制电路是否对电压短路。如果电路测试正常,则测试或更换 KR12C 风窗玻璃刮水器速度控制继电器
	测试灯始终熄灭	测试控制电路是否对搭铁短路或开路/电阻过大。如果电路测试正常,则测试或更换 KR12C 风窗玻璃刮水器速度控制继电器

风窗玻璃刮水器电动机电路检测　　　　　　　　表 4-15

测 量 部 位	检 测 结 果	结 果 判 断
	测试灯正常点亮或熄灭	正常
	测试灯始终点亮	测试控制电路是否对电压短路。如果电路测试正常,则测试或更换 KR12C 风窗玻璃刮水器速度控制继电器
	测试灯始终熄灭	测试控制电路是否对搭铁短路或开路/电阻过大。如果电路测试正常,则测试或更换 KR12C 风窗玻璃刮水器速度控制继电器

①将点火开关置于"OFF"位置，断开风窗玻璃刮水器电动机的线束连接器。

②将点火开关置于"ON"位置，测试信号电路端子 M75/A 和搭铁之间的电压是否高于 10V，见表 4-16。

风窗玻璃刮水器电动机电路检测　　　　表 4-16

测量部位	检测结果	结果判断
	大于 10V	正常
	小于 10V	测试信号电路是否对搭铁短路或开路/电阻过大。如果电路测试正常，则测试或更换 K9 车身控制模块

③如果电路测试正常，则测试或更换 M75 风窗玻璃刮水器电动机。

（三）风窗玻璃洗涤器电路检测

❶ 准备工作

（1）科鲁兹轿车维修手册。

（2）科鲁兹轿车。

（3）万用表。

（4）解码器。

❷ 技术要求与注意事项

（1）查阅维修手册，根据维修指导进行检测。

（2）在维修任何电气部件前，点火和起动开关必须置于"OFF"或"LOCK"位置，并且所有电气负载必须关闭，除非操作程序中另有说明。断开蓄电池负极电缆，以防止工具或设备接触裸露的电气端子而产生电火花。不遵守这些安全须知可能会导致人身伤害或车辆（车辆部件）损坏。

❸ 操作步骤

（1）将点火开关置于"ON"位置，按下洗涤器开关的同时观察故障诊断仪的"Windshield Washer Switch"（风窗玻璃洗涤器开关）参数。如果参数没有转为"Active"（启动），则按照下列步骤检测风窗玻璃洗涤器开关电路：

①将点火开关置于"OFF"位置，断开 S82 风窗玻璃刮水器/洗涤器开关处的连接器，将点火开关置于"ON"位置，确认故障诊断仪"Windshield Washer Switch"

(风窗玻璃洗涤器开关)参数为"Inactive"(未启动),见表4-17。

风窗玻璃洗涤器电路检测　　　　表4-17

测量部位	检测结果	结果判断
	未启动	正常
	启动	测试信号电路端子S82/7是否对搭铁短路。如果电路测试正常,则更换K9车身控制模块

②在信号电路端子S82/7和低电平参考电压电路端子S82/2之间安装一条带3A熔断器的跨接线。确认故障诊断仪"Windshield Washer Switch"(风窗玻璃洗涤器开关)参数为"Active(启动)",见表4-18。

风窗玻璃洗涤器电路检测　　　　表4-18

测量部位	检测结果	结果判断
	启动	正常
	未启动	测试信号电路是否对电压短路或开路/电阻过大。如果电路测试正常,则更换K9车身控制模块

③如果所有电路测试正常,则测试或更换S82风窗玻璃刮水器/洗涤器开关。

(2)用故障诊断仪指令风窗玻璃洗涤器继电器通电,风窗玻璃洗涤器应启动。如果风窗洗涤器未启动,则按照下列步骤检测洗涤液泵电路:

①将点火开关置于"OFF"位置,断开X50A发动机舱盖下熔断器盒处的X2线束连接器。

②在控制电路端子 X50A/X2/60 和搭铁之间连接一个测试灯,将点火开关置于"ON"位置,用故障诊断仪指令风窗玻璃洗涤器继电器指令通电和断电。在指令状态之间切换时,测试灯应点亮或熄灭,见表 4-19。

风窗玻璃洗涤器电路检测　　　　　　　　表 4-19

测量部位	检测结果	结果判断
	测试灯正常点亮或熄灭	正常
	测试灯始终点亮	测试控制电路是否对电压短路。如果电路测试正常,则更换 K9 车身控制模块
	测试灯始终熄灭	测试控制电路是否对搭铁短路或开路/电阻过大。如果电路测试正常,则更换 K9 车身控制模块

③将点火开关置于"OFF"位置,连接 X50A 发动机舱盖下熔断器盒的 X2 线束,并断开 G24 风窗玻璃洗涤器泵的线束连接器。测试搭铁电路端子 G24/2 和搭铁之间的电阻是否小于 5Ω,见表 4-20。

风窗玻璃洗涤器电路检测　　　　　　　　表 4-20

测量部位	检测结果	结果判断
	小于 5Ω	正常
	大于 5Ω	测试搭铁电路是否开路/电阻过大

学习任务 4　检测维修汽车电动刮水系统

④在控制电路端子 G24/1 和搭铁之间连接一个测试灯。将点火开关置于"ON"位置,用故障诊断仪指令风窗玻璃洗涤器继电器指令通电和断电。在指令状态之间切换时,测试灯应点亮或熄灭,见表 4-21。

风窗玻璃洗涤器电路检测　　　　　表 4-21

测量部位	检测结果	结果判断
	测试灯正常点亮或熄灭	正常
	测试灯始终点亮	测试控制电路是否对电压短路。如果电路测试正常,则更换 X50A 发动机舱盖下熔断器盒
	测试灯始终熄灭	测试控制电路是否对搭铁短路或开路/电阻过大。如果电路测试正常,则更换 X50A 发动机舱盖下熔断器盒

⑤如果所有电路测试正常,则测试或更换 G24 风窗玻璃洗涤器泵。

(3)多功能开关的检测步骤如下:

①将点火开关置于"OFF"位置,断开 S82 风窗玻璃刮水器/洗涤器开关处的线束连接器。

②启动洗涤器时,测试搭铁电路端子 S82/2 和控制电路端子 7 之间的电阻是否小于 5Ω。如果不是规定值,则更换 S82 风窗玻璃刮水器/洗涤器开关。

(4)洗涤器泵的检测步骤如下:

①将点火开关置于"OFF"位置,断开 G24 风窗玻璃洗涤器泵的线束连接器。

②在控制电路端子 G24/1 和 B+ 之间安装一条带 10A 熔断器的跨接线。在搭铁端子 G24/2 和搭铁之间安装一条跨接线。

③确认 G24 风窗玻璃洗涤器泵已启动。如果 G24 风窗玻璃洗涤器泵未启动,则更换 G24 风窗玻璃洗涤器泵。

(四)风窗玻璃刮水器电动机电源输入端电路波形检测

1　准备工作

(1)科鲁兹轿车维修手册。

(2)科鲁兹轿车。

(3)示波器。

❷ 技术要求与注意事项

(1)查阅维修手册,根据维修指导进行检测。

(2)探头与被测电路连接时,探头的接地端务必与被测电路的地线相连。否则在悬浮状态下,示波器与其他设备或搭铁的电位差可能导致触电或损坏示波器、探头或其他设备。

(3)为避免测量误差,请务必在测量前对探头进行检验和校准。

❸ 操作步骤

(1)测量准备。打开示波器确认示波器剩余电量(或者连接车辆蓄电池),如果电量过低需要及时充电,连接测试线根据测量的通道进行连接。如果需要双通道测量,则连接两组测试线,通过测量蓄电池电压,确认示波器及线路的可靠性,完成测量前的准备工作(表4-22)。

风窗玻璃刮水器电动机电源输入端电路波形检测　　表4-22

测量部位	检测结果	结果判定
测试探针连接蓄电池正极,连接线连接蓄电池负极	电压等于蓄电池电压	正常
	电压为0	异常

(2)点火开关打开至"ON"档,打开刮水器开关至"间歇"档,使用示波器测试探针连接 M75/D 电源线(需要刺穿导线胶皮),示波器连接线连接车身,刮水器电动机接插件不能断开,通过不同的挡位,查看波形的变化,从而分析刮水器电动机电路的故障。测量波形的过程中,需要根据信号的频率调整周期,根据电压的大小调整幅值,原则是能更清晰地识读波形,发现波形的问题(表4-23)。

(3)如果波形在任何挡位均异常,说明刮水器挡位开关故障或者 K9 模块出现故障。

学习任务4 检测维修汽车电动刮水系统

风窗玻璃刮水器电动机电源输入端电路波形检测　　表4-23

测量部位	检测结果	结果判定
测试探针连接M75/D电源线("低速"挡)	通过时间较长,断电时间较短	正常
测试探针连接M75/D电源线("低速"挡)	电压为0	异常
测试探针连接M75/D电源线("间歇"挡)	一个周期内有规律地进行通电和断电	正常

续上表

测量部位	检测结果	结果判定
测试探针连接 M75/D 电源线("间歇"挡)	电压为 0	异常
测试探针连接 M75/B 电源线("高速"挡)	连续通电	正常
测试探针连接 M75/B 电源线("高速"挡)	电压为 0	异常

学习任务 4　检测维修汽车电动刮水系统

三　学习拓展

（一）风窗玻璃刮水器电动机的更换

1　准备工作

（1）科鲁兹轿车维修手册。
（2）科鲁兹轿车。
（3）常用拆装工具。

2　技术要求与注意事项

（1）正确检索资料。
（2）根据维修资料进行规范操作。

3　操作步骤

风窗玻璃刮水器电动机更换步骤见表 4-24。

拆卸刮水器电动机总成

风窗玻璃刮水器电动机更换步骤　　　表 4-24

示　意　图	操　作　步　骤
	步骤一：拆下刮水器臂装饰盖
	步骤二：拆下刮水器臂螺母
	步骤三：拆下密封条

续上表

示 意 图	操作步骤
	步骤四:拆下风口格栅板卡扣
	步骤五:拆下进风口格栅板总成
	步骤六:拆下风窗玻璃刮水器电动机螺母
	步骤七:拆下风窗玻璃刮水器电动机总成

(二)正确调整刮水器臂

❶ 准备工作

(1)科鲁兹轿车维修手册。

(2)科鲁兹轿车。

❷ 技术要求与注意事项

(1)查阅维修手册根据维修指导进行操作。

(2)正确使用汽车车身电气设备。

学习任务 4　检测维修汽车电动刮水系统

❸ 操作步骤

刮水器臂调整步骤见表 4-25。

刮水器臂调整步骤　　　　　表 4-25

示　意　图	操　作　步　骤
	步骤一：将前风窗玻璃刮水器臂从前风窗玻璃刮水器变速器上松开
	步骤二：测量挡水板的上边缘（橡胶唇口）至刮水器臂连接点距离
	步骤三：将刮水器臂定位于基本设置（驾驶员侧约 6.5cm、乘客侧约 8.5cm）
	步骤四：确认刮水器臂的位置是否符合标准操作

四　评价与反馈

❶ 自我评价与反馈

通过对科鲁兹车型电动刮水系统的检修，你应该对科鲁兹车型电动刮水系统有了比较全面的认识。结合你的工作体会，正确回答下列问题。

（1）如何确认洗涤器泵的好坏？

(2)刮水器/洗涤器系统由哪些电气部件组成？

_____

_____。

(3)实训过程完成情况如何？

_____

_____。

(4)通过本学习任务的学习，你认为自己的知识和技能还有哪些欠缺？

_____

_____。

签名：_____　　　　　____年___月___日

❷ **小组评价与反馈**

小组评价与反馈表见表4-26。

小组评价与反馈表　　　　　表4-26

序号	评价项目	评价情况
1	着装是否符合要求	
2	是否能够合理规范地使用仪器和设备	
3	是否按照安全和规范的流程操作	
4	是否遵守学习、实训场地的规章制度	
5	是否能够保持学习、实训场地的整洁	
6	团结协作情况	

参与评价的同学签名：_____　　____年___月___日

❸ **教师评价及反馈**

_____

_____。

教师签名：_____　　　　　____年___月___日

五 技能考核标准

技能考核标准表见表4-27。

学习任务4 检测维修汽车电动刮水系统

技能考核标准

表 4-27

序号	项目	操作内容	规定分	评分标准	得分
1	检测维修汽车电动刮水系统	前期准备	8分	安装座椅套、地板垫、转向盘套	
				安装翼子板布	
				安装前格栅布	
				工具仪器准备	
2		安全检查	8分	安装车轮挡块	
				检查机油、冷却液	
				现场安全检查确认	
3		仪器连接	5分	点火开关关闭	
				正确连接诊断仪器	
4		故障码检查	10分	正确读取并记录故障码	
				相关数据流确认	
				故障码清除	
5		目视检查	5分	管线连接、机件状况	
6		确认故障症状	5分	检查系统各部件的工作情况	
7		故障码再次检查	10分	正确读取并记录故障码	
				相关数据流内容	
				故障码再次清除	
8		元件测量	10分	正确查阅资料确认测试接头及线路	
				正确选择测量仪具	
				正确连接测量仪具	
				正确读取和记录数据	
				正确分析测量结果	

99

续上表

序号	项目	操作内容	规定分	评分标准	得分
9	检测维修汽车电动刮水系统	电路测量	10 分	正确查阅资料确认测试接头及线路	
				正确选择测量仪具	
				正确连接测量仪具	
				正确读取和记录数据	
				正确分析测量结果	
10		故障点确认和排除	10 分	正确说明故障点	
				正确排除故障点	
11		故障码再次检查	10 分	正确读取并记录故障码	
				相关数据流内容	
				故障码再次清除	
12		零部件的拆装	9 分	操作不当	
		总分	100 分		

学习任务5　检测维修汽车电动车窗系统

 学习目标：

☆知识目标

1. 掌握汽车电动车窗系统的组成和功能；
2. 掌握常规车型汽车电动车窗系统电路图读图方法；
3. 能够根据电路图描述汽车电动车窗系统的工作过程；
4. 能够通过查阅相关资料分析汽车电动车窗系统故障的原因。

☆技能目标

1. 根据故障现象，能够通过查阅相关资料制订检测方案，利用解码器、测试灯、万用表等检测仪器对汽车电动车窗系统进行检测；
2. 根据维修手册技术要求对故障部件进行维修、更换。

 建议课时：

18课时。

车主反映右前车窗玻璃无法升降,该车为雪佛兰科鲁兹自动挡轿车。维修人员对车窗各项功能进行了检查,除了车主反映的故障现象外,其他各项功能均正常,初步判断故障是由开关、车窗电动机或者相关熔断器及其线路引起的,需要对该车车窗升降系统进行检测。

请熟悉车窗升降系统电路图,并通过维修手册查找该系统有关熔断器、连接器、开关及车窗电动机的安装位置,制订检测步骤,排除故障。

一 理论知识准备

1 电动车窗

电动车窗又称电动门窗,能够根据乘坐人员的要求,由电力驱动车窗玻璃的升降,为驾驶员或乘客提供所需的车窗开度。通常电动车窗能保证驾驶员在驾驶座位上操作控制开关,使全部车窗玻璃自动升降,实现后座车窗的锁止。电动车窗操纵简便,利于行车安全。部分汽车电动车窗还能实现锁车、自动关闭等智能控制。

电动车窗主要由车窗玻璃、玻璃升降器、直流电动机、继电器、开关(主控开关、分控开关)等组成,各部件在车上的布置如图5-1所示。

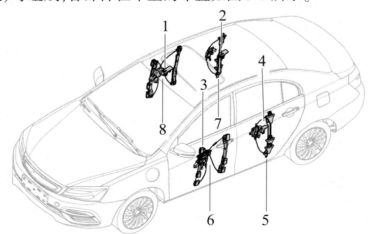

图 5-1 电动车窗部件在车上的布置

1-右前门玻璃升降器开关;2-右后门玻璃升降器开关;3-左前门玻璃升降器开关;4-左后门玻璃升降器开关;5-左后门玻璃升降器;6-左前门玻璃升降器;7-右后门玻璃升降器;8-右前门玻璃升降器

学习任务 5　检测维修汽车电动车窗系统

1）玻璃升降器

玻璃升降是把电动机的旋转运动变为车窗的上下移动。常见的玻璃升降器有钢丝滚筒式、交叉传动臂式两种。钢丝滚筒式多采用齿扇式传动,交叉传动臂式多采用齿条式传动。

齿扇式玻璃升降器如图 5-2 所示,它用齿扇实现换向作用。齿扇上装有螺旋弹簧,当车窗上升时,螺旋弹簧伸展,释放能量,以减轻电动机的负荷;当车窗下降时,螺旋弹簧收缩,吸收能量,从而使车窗无论是上升还是下降,电动机的负荷基本相同。当电动机转动时,通过蜗轮蜗杆减速并改变旋转方向,使齿扇转动,并带动门窗玻璃上下进行升降。

齿条式玻璃升降器如图 5-3 所示。升降器采用柔性齿条和小齿轮结构。当电动机转动时,通过蜗轮蜗杆减速机构将动力传给小齿轮,小齿轮使齿条移动,齿条通过拉绳带动门窗玻璃进行升降。

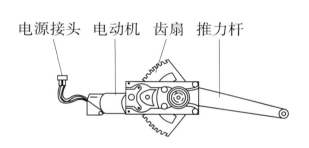

图 5-2　齿扇式玻璃升降器　　　　图 5-3　齿条式玻璃升降器

2）电动机

电动车窗使用双向直流电动机,有永磁式和双绕组串励线绕式两种。现代汽车的每个车窗都装有一台电动机,通过开关控制电流的流动方向,使电动机正、反转,从而使车窗玻璃上升或下降。电动机的结构控制原理简图如图 5-4、图 5-5 所示。

电动车窗工作原理

电动机内的传动装置是一种自锁蜗轮蜗杆结构,可防止自行打开或强力开启。与传动装置一体化的缓冲器,可在车窗移到极限位置时,起到良好的缓冲作用。

为了防止电路过载,电动门窗控制电路中装有一个或多个热敏断路器,有的装在电动机内。当车窗完全关闭或由于结冰而使车窗玻璃不能自由运动时,即使操纵的开关没有断开,热敏断路器也会自动断开,以保护电路免受损失。断路器还具有防夹功能,能防止关闭车窗时夹住人的身体。

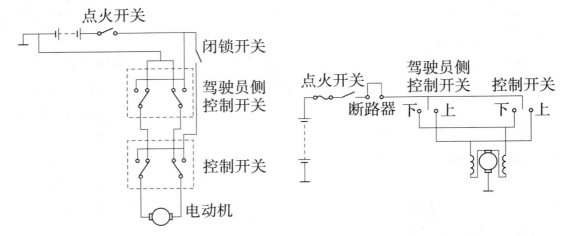

图 5-4　永磁式电动机的结构控制原理简图

图 5-5　双绕组串励式电动机结构控制原理简图

3)控制开关

电动车窗控制系统都装有两套控制开关。一套装在仪表板或驾驶员侧车门扶手上,为主开关,由驾驶员操作,可控制每个车窗的升降;另一套分别装在每个乘客门上,为分开关,可单独控制一个车窗,由乘客进行操作。大多数汽车在总开关中装有闭锁开关,当它断开时,乘客不能控制车窗升降。

❷ 电动天窗

现在越来越多的中高档汽车装有电动天窗,电动天窗依靠汽车行驶过程中气流在汽车顶部的快速流动,有效地使车内空气流通,增加新鲜空气流入车内,给驾驶员和乘客带来健康、舒适的享受。

电动天窗主要由天窗玻璃、天窗电动机、传动机构、控制开关和继电器模块等组成,各部件在车上的布置如图 5-6 所示。

1)天窗电动机

天窗电动机为双向直流电动机,它通过传动机构为天窗开闭提供动力,即通过改变流过电动机的电流方向来改变旋转方向,实现天窗的开闭。

2)天窗的传动机构

电动天窗的传动机构包括滑动机构、连接机构和驱动机构。

(1)滑动机构。电动天窗滑动机构结构简图如图 5-7 所示,它由驱动电动机、驱动齿轮、滑动螺杆和后枕座组成。

学习任务 5　检测维修汽车电动车窗系统

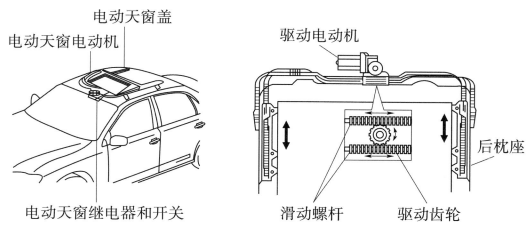

图 5-6　电动天窗部件在车上的布置　　图 5-7　电动天窗的滑动机构

在电动机齿轮外壳内部有两个利用凸轮进行工作的限位开关,天窗开关工作时,驱动电动机所产生的转矩由驱动齿轮传递给滑动螺杆,滑动螺杆带动后枕座滑动。电动机正、反转使后枕座前、后移动,决定天窗玻璃是打开还是关闭。

(2)连接机构。电动天窗连接机构结构简图如图 5-8 所示。

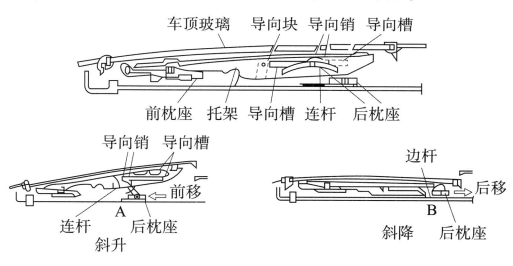

图 5-8　电动天窗的连接机构

当天窗玻璃打开时,后枕座由于滑动螺杆的作用,向车辆后方推出。两个导向销分别沿着导向槽移动,首先把天窗后端向下方引出,落入车顶下部。其后,对螺杆压紧,向车辆后方滑动,当天窗玻璃关闭时,后枕座向车辆前方伸出滑动,导向销到达图示位置即为全闭。

从这种状态起,后枕座进一步向车辆前方移动,导向销也沿着导向槽向前移动,连杆即按箭头 A 方向移动,使天窗玻璃斜升。当天窗玻璃开始斜降时,后枕座按箭头 B 的方向收回合拢,使天窗玻璃斜降。斜降完成后,天窗玻璃才可进行滑动打开与滑动关闭。

(3) 驱动机构。电动车窗的驱动机构由电动机、驱动齿轮、凸轮、限位开关等组成。电动机通过蜗轮、中间齿轮进行减速,将动力传递给驱动齿轮,驱动齿轮一方面带动滑动螺杆移动,另一方面经减速后将动力传递给凸轮。

3) 控制装置

电动天窗的控制装置由天窗控制开关、限位开关、天窗控制继电器组成。

(1) 天窗控制开关。控制开关主要包括滑动开关和斜升开关。滑动开关有滑动打开、滑动关闭和断开(中间位置)3个挡位。斜升开关也有斜升、斜降和断开(中间位置)3个挡位。通过操纵开关,使天窗驱动电动机正、反转,实现在不同的状态下工作。

(2) 限位开关。限位开关主要是用来检测天窗所处的位置。限位开关靠凸轮转动来实现电路的接通和断开。凸轮安装在驱动机构的动力输出端。当电动机将动力输出时,通过驱动齿轮和滑动螺杆减速以后带动凸轮转动,于是凸轮周边的突起部位触动开关使其开闭,以实现对天窗的自动控制。限位开关的安装示意图和工作特性如图 5-9 所示。

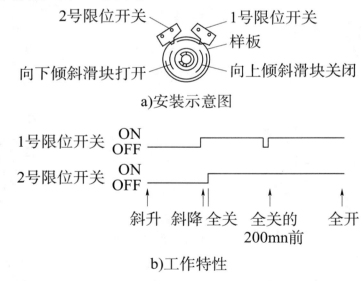

图 5-9　限位开关安装示意图和工作特性

(3) 天窗控制继电器模块。天窗控制继电器模块是一个数字控制电路,并设有定时器、蜂鸣器和继电器等。其作用是接受开关输入的信息,通过数字电路进行逻辑运算,确定继电器的动作,给电动机发出指令,控制电动机正、反转,完成天窗的打开、关闭、斜升和斜降。

❸ 科鲁兹轿车车窗升降系统的组成及其作用

（1）车窗电动机：将电能转化成机械能，实现车窗玻璃升降功能。车窗电动机如图 5-10 所示。

（2）车窗开关：驾驶员或乘客通过开关控制车窗玻璃实现升降的目的，它是车与人的"沟通纽带"；左前车窗开关除了能够控制左前车窗外，还能控制其他三扇车窗升降，而右前、左后、右后车窗开关只能控制各自车窗升降。每一个车窗开关都由逻辑模块控制，它将反映开关状态的信号通过 LIN 通信线传给车身控制模块。车窗开关如图 5-11 所示。

（3）车身控制模块：通过采集车窗开关信号，经计算、判断后控制各个车窗实现相应的功能。

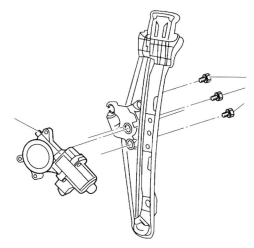

图 5-10　车窗电动机

（4）熔断器及易熔丝：该电路根据额定容量大小分为熔断器和易熔丝，当工作电流过大时，熔断器或易熔丝将熔断，以达到保护电路的目的。

（5）导线及连接器：连接器是用于连接导线与导线、导线与开关、导线与电动机的接插件，它由公母插头组成，一般通过锁扣固定连接，当解开锁扣后就可以断开连接器。

（6）车窗玻璃及传动机构：传动机构将电动机的旋转运动传递至车窗玻璃，并实现其上下运动。车窗传动机构如图 5-12 所示。

图 5-11　车窗开关

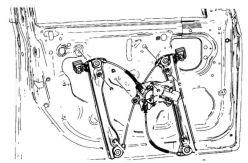

图 5-12　车窗传动机构

❹ 科鲁兹轿车车窗升降系统工作过程

科鲁兹轿车车窗开关除了能够根据驾驶员的操作产生相应的开关信号外，

同时还是一个逻辑单元,通过 LIN 通信线向车身控制单元发送车窗开关信号。当车身控制单元向车窗开关逻辑单元发送车身升降指令时,车窗开关逻辑单元控制开关内部继电器工作,从而实现对车窗电动机电流方向的控制。科鲁兹轿车车窗电路如图 5-13 ~ 图 5-15 所示。其车窗升降系统的具体工作过程如下:

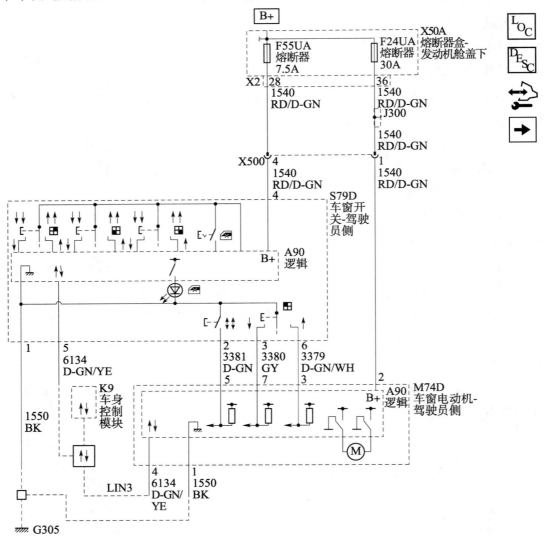

图 5-13 科鲁兹轿车左前车窗电路

(1) 左前车窗开关控制过程。

左前车窗开关共有 4 个按钮,其中控制左前车窗升降的按钮开关工作原理与灯光开关工作原理相同,其功能包括手动控制上升/下降和一键控制上升/下降。

当驾驶员控制左前车窗手动下降时,S79D/2 和 S79D/6 触点开关断开,车窗电动机 M74D 逻辑单元得到两个内部提供的参考电压,S79D/3 触点闭合与

S79D/1 接地触点导通,车窗电动机 M74D 逻辑单元得到一个 0V 信号,逻辑单元接收开关信号状态,并将该信号通过 M74D/4 的 LIN3 线端子传给车身控制单元 K9,经其计算、判断后再由 LIN3 线将控制命令信号传给车窗电动机 M74D 逻辑单元,逻辑单元控制左前车窗电动机下降;当驾驶员控制左前车窗一键下降时,S79D/6 触点开关断开,车窗电动机 M74D 逻辑单元得到一个内部提供的参考电压,S79D/2 和 S79D/3 触点闭合与 S79D/1 接地触点导通,车窗电动机 M74D 逻辑单元得到两个 0V 信号,逻辑单元接收开关信号状态,并将该信号通过 M74D/4 的 LIN3 线端子传给车身控制单元 K9,经其计算、判断后再由 LIN3 线将控制命令信号传给车窗电动机 M74D 逻辑单元,逻辑单元控制左前车窗电动机自动下降到极限位置。手动上升控制和一键上升的控制原理相同,不再重复说明。

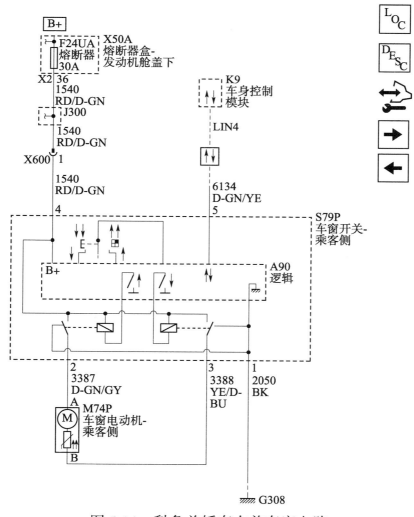

图 5-14 科鲁兹轿车右前车窗电路

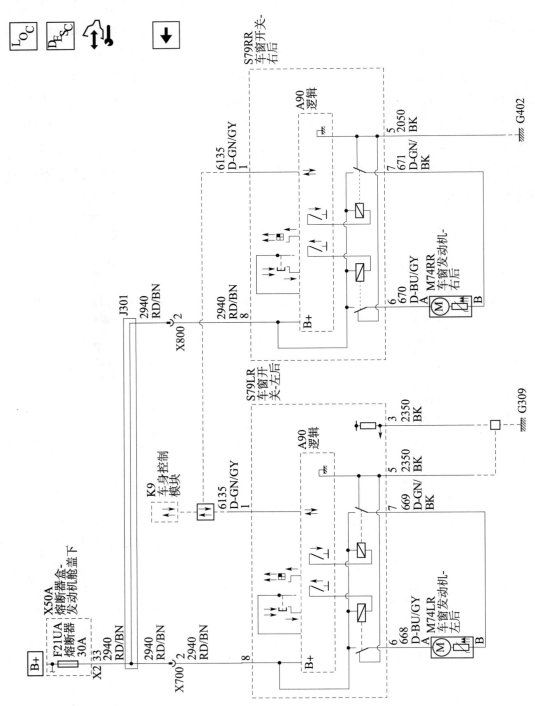

图 5-15 科鲁兹轿车左后/右后车窗电路

当驾驶员通过左前开关控制右前/左后/右后车窗工作时,触点开关信号首先传给左前开关 S79D 的逻辑单元,再通过 S79D/5 的 LIN3 线端子传给车身控制模块 K9,车身控制模块 K9 经计算、判断后将控制指令通过 LIN3 通信线传给右前车窗开关逻辑单元,或通过 LIN4 通信线传给左后和右后车窗开关逻辑单元,再由该逻辑单元控制开关内部继电器,实现对车窗电动机的控制。

(2)右前/左后/右后车窗开关控制过程。

当乘客操作右前/左后/右后车窗开关时,触点开关信号首先传给相应车窗开关的逻辑单元,再通过 LIN 线端子传给车身控制模块 K9,车身控制模块 K9 经计算判断后将控制指令通过 LIN3 通信线传给右前车窗开关逻辑单元,或通过 LIN4 通信线传给左后和右后车窗开关逻辑单元,再由该逻辑单元控制开关内部继电器,实现对车窗电动机的控制。

5 科鲁兹轿车天窗系统的组成及其作用

(1)天窗控制模块(K61):接收天窗开关和天窗倾斜开关的位置信号,通过计算、判断控制天窗电动机实现相应的动作。

(2)天窗开关(S72):用于控制天窗打开和关闭,其具体功能包括手动控制打开和关闭,一键自动打开和关闭,如图 5-16 所示。

(3)天窗倾斜开关(S88):用于控制天窗在关闭状态下天窗玻璃的倾斜角度,包括天窗玻璃完全关闭和后端向上倾斜两种状态,如图 5-17 所示。

图 5-16　天窗开关　　　图 5-17　天窗倾斜开关

(4)天窗玻璃及其传动机构:通过天窗控制模块对电动机进行控制,将电能转化为机械能,并实现对天窗玻璃的控制。

天窗系统结构如图 5-18 所示。

6 科鲁兹轿车天窗工作过程

科鲁兹轿车天窗系统控制电路如图 5-19 所示。天窗控制模块除了连接有 B+电源线、地线和通信线外,还有天窗开关和天窗倾斜开关的相关导线。驾驶员控制两个开关不同的位置时,开关呈现不同的阻值,使天窗控制模块得到不同的电压信号,天窗控制模块经识别计算后控制电动机,实现相应动作。

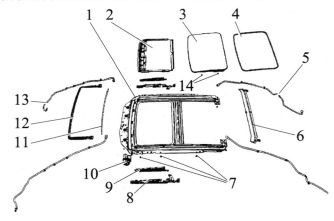

图 5-18 天窗系统结构图

1-天窗框架;2-天窗遮阳板;3-天窗;4-天窗密封件;5-天窗窗框后排水软管;6-天窗窗框排水槽;7-天窗框架螺栓;8-天窗导板;9-天窗空气导流器盖;10-天窗电动机;11-天窗密封件;12-天窗空气导流器;13-天窗窗框前排水软管;14-天窗螺栓

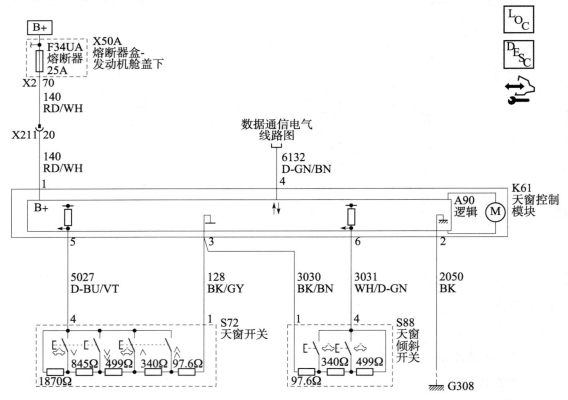

图 5-19 科鲁兹轿车天窗系统控制电路

学习任务 5　检测维修汽车电动车窗系统

二　任务实施

（一）驾驶员侧车窗检测

❶ 准备工作

（1）科鲁兹轿车维修手册。
（2）万用表。
（3）解码器。
（4）科鲁兹轿车。

❷ 技术要求与注意事项

（1）查阅维修手册,根据维修指导进行检测。

（2）在维修任何电气部件前,点火和起动开关必须置于"OFF"或"LOCK"位置,并且所有电气负载必须关闭,除非操作程序中另有说明。断开蓄电池负极电缆,以防止工具或设备接触裸露的电气端子而产生电火花。不遵守这些安全须知可能会导致人身伤害或车辆(车辆部件)损坏。

（3）在驾驶员车门内侧操作时,断开电动车窗开关。操作时,快速上升/下降功能使车窗移动速度非常快且无法停止,该动作可能导致人身伤害。

❸ 操作步骤

（1）根据车主反映左前车窗工作异常,对车窗升降系统进行检查确认。

（2）连接解码器,将点火开关置于"ON"位置,用故障诊断仪指令驾驶员侧车窗电动机上升、下降、快速上升和快速下降。驾驶员侧车窗电动机应执行上升、下降、快速上升和快速下降指令。如果驾驶员侧车窗电动机的执行不符合规定,检查驾驶员侧车窗电动机故障,具体步骤如下：

①将点火开关置于"OFF"位置,断开 M74D 驾驶员车窗电动机的线束连接器。

②测试搭铁电路端子 1 和搭铁之间的电阻是否小于 10Ω,见表 5-1。

驾驶员侧车窗检测　　　　　　表 5-1

测量部位	检测结果	结果判断
	小于 10Ω	正常

续上表

测量部位	检测结果	结果判断
	大于规定值	测试搭铁电路是否开路/电阻过大

③将点火开关置于"ON"位置,确认 B + 电路端子 2 和搭铁之间的测试灯点亮,见表5-2。

驾驶员侧车窗检测　　　　　　　　　　表5-2

测量部位	检测结果	结果判断
	试灯点亮	正常
	试灯未点亮	测试 B + 电路是否对搭铁短路或开路/电阻过大

④测试串行数据电路端子 4 和搭铁之间的电压是否在 5～10V 之间,见表5-3。

驾驶员侧车窗检测　　　　　　　　　　表5-3

测量部位	检测结果	结果判断
	高于规定范围	测试串行数据电路是否对电压短路
	低于规定范围	测试串行数据电路是否对搭铁短路或开路/电阻过大

⑤如果所有电路测试正常,则测试或更换 M74D 驾驶员车窗电动机。

学习任务 5　检测维修汽车电动车窗系统

(3) 使用驾驶员侧车窗开关指令驾驶员车窗电动机上升、下降、快速上升和快速下降。驾驶员侧车窗电动机应执行上升、下降、快速上升和快速下降指令。如果驾驶员侧车窗电动机的执行不符合规定，检查驾驶员侧车窗开关故障，具体步骤如下：

①将点火开关置于"OFF"位置，断开 S79D 驾驶员车窗开关的线束连接器。

②测试搭铁电路端子 1 和搭铁之间的电阻是否小于 10Ω，见表 5-4。

驾驶员侧车窗检测　　　　　　　　　　　　　　表 5-4

测量部位	检测结果	结果判断
	小于 10Ω	正常
	大于规定值	测试搭铁电路是否开路/电阻过大

③将点火开关置于"ON"位置，确认 B + 电路端子 4 和搭铁之间的测试灯点亮，见表 5-5。

驾驶员侧车窗检测　　　　　　　　　　　　　　表 5-5

测量部位	检测结果	结果判断
	试灯点亮	正常
	试灯未点亮	测试 B + 电路是否对搭铁短路或开路/电阻过大

④确认故障诊断仪"Driver Window Main Control Down Switch"(驾驶员车窗主控制下降开关)参数为"Inactive"(未启动),如果不是规定值(显示启用),则测试控制电路端子 3 是否对搭铁短路(需断开 M74D 连接器),见表 5-6。

驾驶员侧车窗检测　　　　　　　　　　　　　　表 5-6

测量部位	检测结果	结果判断
	小于 10Ω	S79D/3 端子连接导线对地线短路
	大于规定值	测试或更换 M74D 驾驶员车窗电动机

⑤在控制电路端子 3 和搭铁之间连接 1 条带有 5A 熔断器的跨接线,确认故障诊断仪"Driver Window Main Control Down Switch"(驾驶员侧车窗主控制下降开关)参数为"Active"(启动)。如果不是规定值,则测试控制电路 S79D/3 至 M74D/7 导线是否开路/电阻过大,见表 5-7。

驾驶员侧车窗检测　　　　　　　　　　　　　　表 5-7

测量部位	检测结果	结果判断
	小于 10Ω	测试或更换 M74D 驾驶员车窗电动机
	大于规定值	导线开路或电阻过大

学习任务5 检测维修汽车电动车窗系统

⑥确认故障诊断仪"Driver Window Main Control Up Switch"(驾驶员车窗主控制上升开关)参数为"Inactive"(未启动),如果不是规定值(显示启用),则测试控制电路端子6是否对搭铁短路(需断开M74D连接器),见表5-8。

驾驶员侧车窗检测　　　　　　　　　　　　　　　　表5-8

测 量 部 位	检 测 结 果	结 果 判 断
	小于10Ω	S79D/6端子连接导线对地线短路
	大于规定值	测试或更换M74D驾驶员车窗电动机

⑦确认故障诊断仪"Driver Window Main Control Up Switch"(驾驶员车窗主控制上升开关)参数为"Inactive"(未启动)。如果不是规定值,则测试控制电路S79D/6至M74D/3导线是否开路/电阻过大,见表5-9。

驾驶员侧车窗检测　　　　　　　　　　　　　　　　表5-9

测 量 部 位	检 测 结 果	结 果 判 断
	小于10Ω	测试或更换M74D驾驶员车窗电动机
	大于规定值	导线开路或电阻过大

⑧确认故障诊断仪"Driver Window Main Control Express Switch"(驾驶员车窗主控制快速开关)参数为"Inactive"(未启动),如果不是规定值(显示启用),则测试控制电路端子2是否对搭铁短路(需断开M74D连接器),见表5-10。

⑨在控制电路端子2和搭铁之间连接1条带有5A熔断器的跨接线,确认故障诊断仪"Driver Window Main Control Express Switch"(驾驶员侧车窗主控制快速开关)参数为"Active"(启动)。如果不是规定值,则测试控制电路S79D/2至

M74D/5 导线是否开路/电阻过大,见表 5-11。

驾驶员侧车窗检测　　　　　　　　　　　　　　表 5-10

测量部位	检测结果	结果判断
	小于 10Ω	S79D/2 端子连接导线对地线短路
	大于规定值	测试或更换 M74D 驾驶员车窗电动机

驾驶员侧车窗检测　　　　　　　　　　　　　　表 5-11

测量部位	检测结果	结果判断
	小于 10Ω	测试或更换 M74D 驾驶员车窗电动机
	大于规定值	导线开路或电阻过大

⑩如果所有电路测试正常,则测试或更换 S79D 驾驶员侧车窗开关。

(4)使用驾驶员侧车窗开关上相应的开关时,观察故障诊断仪"Left Rear Main Control Down Switch"(左后车窗主控制下降开关)、"Left Rear Main Control Express Switch"(左后车窗主控制快速开关)、"Left Rear Main Control Up Switch"(左后车窗主控制上升开关)、"Right Rear Main Control Down Switch"(右后车窗主控制下降开关)、"Right Rear Main Control Express Switch"(右后车窗主控制快速开关)、"Right Rear Main Control Up Switch"(右后车窗主控制上升开关)、"Front Passenger Main Control Down Switch"(前排乘客车窗主控制下降开关)、"Front Passenger Main Control Express Switch"(前排乘客车窗主控制快速开关)和"Front Passenger Main Control Up Switch"(前排乘客车窗主控制上升开关)参数。当使用开关时,每个值都应该从"Inactive"(未启动)变为"Active"(启动)。如果

数值无变化或为"No Communication"(无通信),但右前/左后/右后车窗开关控制车窗升降均正常,则更换左前车窗开关。

(二)右前/后车窗检测

① 准备工作

(1)科鲁兹轿车维修手册。
(2)万用表。
(3)解码器。
(4)科鲁兹轿车。

② 技术要求与注意事项

(1)查阅维修手册,根据维修指导进行检测。

(2)在维修任何电气部件前,点火和起动开关必须置于"OFF"或"LOCK"位置,并且所有电气负载必须关闭,除非操作程序中另有说明。断开蓄电池负极电缆,以防止工具或设备接触裸露的电气端子而产生电火花。不遵守这些安全须知可能会导致人身伤害或车辆(车辆部件)损坏。

(3)在驾驶员车门内侧操作时,断开电动车窗开关。操作时,快速上升/下降功能使车窗移动速度非常快,且无法停止,该动作可能导致人身伤害。

③ 操作步骤

(1)根据车主反映左前车窗工作异常,对车窗升降系统进行检查确认。

(2)用故障诊断仪指令乘客侧和后车窗上升和下降,随着指令状态的切换,每个车窗应执行上升和下降功能。如果车窗的执行不符合规定,则检查乘客/后车窗。

(3)将点火开关置于"OFF"位置,断开相应的 S79 车窗开关的线束连接器。

(4)测试搭铁电路端子(S79P/1、S79LR/3、S79LR/5、S79RR/5)和搭铁之间的电阻是否小于10Ω,见表5-12。

(5)将点火开关置于"ON"位置,确认 B+ 电路端子(S79P/4、S79LR/8、S79RR/8)和搭铁之间的测试灯点亮,见表5-13。

(6)测试串行数据电路端子(S79P/5、S79LR/1、S79RR/1)和搭铁之间的电压是否在5~10V 之间,见表5-14。

(7)将点火开关置于"OFF"位置,连接 S79 车窗开关的线束连接器,并断开相应 M74 车窗电动机上的线束连接器。

右前/后车窗检测　　　　　　　　　　　　表 5-12

测量部位	检测结果	结果判断
	小于 10Ω	如果大于规定范围,则测试搭铁电路是否开路/电阻过大

右前/后车窗检测　　　　　　　　　　　　表 5-13

测量部位	检测结果	结果判断
	试灯点亮	如果测试灯不点亮,则测试车窗开关电源电路是否开路/电阻过大或者对应熔断器损坏

右前/后车窗检测　　　　　　　　　　　　表 5-14

测量部位	检测结果	结果判断
	5～10V	如果高于规定范围,则测试串行数据电路是否对电压短路;如果低于规定范围,则测试串行数据电路是否对搭铁短路或开路/电阻过大

（8）测试车窗电动机连接器端子1号及2号分别对搭铁之间的电阻是否小于10Ω，用于判断车窗电动机两根导线或者对应车窗开关是否存在故障。如果检测结果大于规定范围，则测试控制电路是否开路/电阻过大，见表5-15。

右前/后车窗检测　　　　　　　　表5-15

测量部位	检测结果	结果判断
	小于10Ω	更换S79P车窗开关
	大于标准值	控制电路开路/电阻过大
	小于10Ω	更换S79P车窗开关
	大于标准值	控制电路开路/电阻过大

（9）在控制电路端子M74P/1和M74P/2之间连接一个测试灯，将点火开关置于"ON"位置，通过使用S79车窗开关指令M74车窗电动机上升和下降。在上升和下降指令期间，测试灯应片刻点亮，如果在执行指令上升或下降期间测试灯未点亮，则测试任一控制电路是否对搭铁短路。如果电路测试结果正常，则更换S79车窗开关。

（10）如果所有电路测试正常，则测试或更换M74P车窗电动机。关于车窗电动机的测试如下：

①将点火开关置于"OFF"位置，断开相应车窗电动机上的线束连接器。

②在其中一个控制端子和12V电压之间安装一条带25A熔断器的跨接线。暂时在其他控制端子和搭铁之间安装一条跨接线。反接跨接线至少两次，M74车窗电动机应执行上升/下降功能。如果执行不符合规定，则更换M74车窗电动机。

（三）天窗控制电路检测

1 准备工作

（1）科鲁兹轿车维修手册。

(2)万用表。

(3)解码器。

(4)科鲁兹轿车。

❷ 技术要求与注意事项

(1)查阅维修手册,根据维修指导进行检测。

(2)在维修任何电气部件前,点火和起动开关必须置于"OFF"或"LOCK"位置,并且所有电气负载必须关闭,除非操作程序中另有说明。断开蓄电池负极电缆,以防止工具或设备接触裸露的电气端子而产生电火花。不遵守这些安全须知可能会导致人身伤害或车辆(车辆部件)损坏。

(3)在驾驶员车门内侧操作时,断开电动车窗开关。操作时,快速上升/下降功能使车窗移动速度非常快,且无法停止,该动作可能导致人身伤害。

❸ 操作步骤

根据下列步骤检测车窗电路:

(1)将点火开关置于"OFF"位置,断开 K61 天窗控制模块的线束连接器。

(2)测试搭铁电路端子 K61/2 和搭铁之间的电阻是否小于 5Ω,见表 5-16。

天窗控制电路检测　　　　　表 5-16

测量部位	检测结果	结果判断
	小于 5Ω	正常
	大于规定值	测试搭铁电路是否开路/电阻过大

(3)确认 B+电路端子 K61/1 和搭铁之间的测试灯点亮,见表 5-17。

(4)将点火开关置于"OFF"位置,检查并确认电路端子(K61/3、K61/5、K61/6)和 B+之间的测试灯未点亮,见表 5-18。

学习任务 5　检测维修汽车电动车窗系统

天窗控制电路检测　　　　　　　　　　　　　　　　表 5-17

测量部位	检测结果	结果判断
	测试灯点亮	正常
	测试灯未点亮	测试 B + 电路是否对搭铁短路或开路/电阻过大。如果电路测试正常且 B + 电路熔断器熔断，则确定是否 K61 天窗控制模块导致熔断器熔断。更换 K61 天窗控制模块

天窗控制电路检测　　　　　　　　　　　　　　　　表 5-18

测量部位	检测结果	结果判断
	测试灯未点亮	正常
	测试灯点亮	测试相应电路是否对搭铁短路

(5) 断开 S72 天窗开关和 S88 天窗倾斜开关的线束连接器，测试电路端子之间（S72/1-K61/3、S72/4-K61/5、S88/1-K61/3、S88/4-K61/6）的电阻是否小于 5Ω，见表 5-19。

三　学习拓展

（一）前侧门车窗玻璃升降器电动机的更换

1. 准备工作

(1) 科鲁兹轿车维修手册。
(2) 科鲁兹轿车。
(3) 常用拆装工具。

天窗控制电路检测　　　　　表 5-19

测 量 部 位	检 测 结 果	结 果 判 断
	小于 5Ω	正常
	大于规定值	测试相应的电路是否开路/电阻过大

❷ 技术要求与注意事项

（1）正确检索资料。

（2）根据维修资料进行规范操作。

❸ 操作步骤

前侧门车窗玻璃升降器电动机更换步骤见表 5-20。

学习任务5 检测维修汽车电动车窗系统

前侧门车窗玻璃升降器电动机更换步骤　　　　表 5-20

示　意　图	操　作　步　骤
	步骤一:拆卸前侧门上装饰盖 注意:使用专用拆卸工具或同等工具将前侧门装饰盖从车门上松开。不要拉动装饰盖来松开卡夹,否则可能导致装饰盖卡夹损坏
	步骤二:松开前侧门拉手螺栓
	步骤三:拆卸前侧门内把手螺栓装饰盖
	步骤四:松开前侧门内把手螺栓
	步骤五:拆卸前侧门装饰件卡夹

续上表

示　意　图	操　作　步　骤
	步骤六:拆卸前侧门装饰件 ①拉动门锁固定件拉线以便分离; ②断开电气连接器。 注意:使用专用拆卸工具或同等工具即可将车门装饰卡夹从车门上松开。不要从地图袋区域进行拉动来松开卡夹,否则可能导致装饰板变形
	步骤七:松开门装饰板托架紧固件,拆下前侧门装饰板托架
	步骤八:拆卸前侧门挡水板 注意:将挡水板从车门拉出。将电气连接器从车门上拆下时,使其穿过挡水板
	步骤九:松开前侧门车窗玻璃升降器螺母
	步骤十:拆卸前侧门车窗 ①松开车窗玻璃升降器螺母,向上拉起以便从窗框上松开车窗玻璃; ②必要时旋转前门车窗玻璃,以便将其从车门上拆下

续上表

示　意　图	操　作　步　骤
	步骤十一：松开前侧门车窗玻璃升降器螺钉
	步骤十二：更换前侧门车窗玻璃升降器总成

(二)电动车窗开关的拆装

❶ 准备工作

(1)科鲁兹轿车维修手册。

(2)科鲁兹轿车。

(3)拆装常用工具。

❷ 技术要求与注意事项

(1)查阅维修手册根据维修指导进行操作。

(2)正确使用汽车车身电气设备。

❸ 操作步骤

电动车窗开关拆装步骤见表5-21。

电动车窗开关拆装步骤　　　　　表5-21

示　意　图	操　作　步　骤
	步骤一：拆下前侧门车窗开关嵌框

续上表

示　意　图	操作步骤
	步骤二：断开电动车窗开关连接器
	步骤三：拆下前侧门车窗开关总成
	步骤四：更换前侧门车窗开关

四 评价与反馈

❶ 自我评价与反馈

通过对科鲁兹车型电动车窗系统的检修，你应该对电动车窗系统有了比较全面的认识。结合你的工作体会，正确回答下列问题。

（1）试描述右前/左后/右后车窗开关控制过程。

_____

_____。

（2）实训过程完成情况如何？

_____

_____。

（3）通过本学习任务的学习，你认为自己的知识和技能还有哪些欠缺？

_____

_____。

签名：_____　　　____年___月___日

学习任务5　检测维修汽车电动车窗系统

❷ 小组评价与反馈

小组评价与反馈表见表5-22。

小组评价与反馈表　　　　　　　　　　　　　表5-22

序号	评价项目	评价情况
1	着装是否符合要求	
2	是否能够合理规范地使用仪器和设备	
3	是否按照安全和规范的流程操作	
4	是否遵守学习、实训场地的规章制度	
5	是否能够保持学习、实训场地的整洁	
6	团结协作情况	

参与评价的同学签名：_____　　　____年___月___日

❸ 教师评价及反馈

_____

_____。

教师签名：_____　　　____年___月___日

五　技能考核标准

技能考核标准表见表5-23。

技能考核标准表　　　　　　　　　　　　　表5-23

序号	项目	操作内容	规定分	评分标准	得分
1	检测维修汽车电动车窗系统	前期准备	8分	安装座椅套、地板垫、转向盘套	
				安装翼子板布	
				安装前格栅布	
				工具仪器准备	
2		安全检查	8分	安装车轮挡块	
				检查机油、冷却液	
				现场安全检查确认	

续上表

序号	项目	操作内容	规定分	评分标准	得分
3	检测维修汽车电动车窗系统	仪器连接	5分	点火开关关闭	
				正确连接诊断仪器	
4		故障码检查	10分	正确读取并记录故障码	
				相关数据流确认	
				故障码清除	
5		目视检查	5分	管线连接、机件状况	
6		确认故障症状	5分	检查系统各部件的工作情况	
7		故障码再次检查	10分	正确读取并记录故障码	
				相关数据流内容	
				故障码再次清除	
8		元件测量	10分	正确查阅资料确认测试接头及线路	
				正确选择测量仪具	
				正确连接测量仪具	
				正确读取和记录数据	
				正确分析测量结果	
9		电路测量	10分	正确查阅资料确认测试接头及线路	
				正确选择测量仪具	
				正确连接测量仪具	
				正确读取和记录数据	
				正确分析测量结果	
10		故障点确认和排除	10分	正确说明故障点	
				正确排除故障点	

续上表

序号	项目	操作内容	规定分	评分标准	得分
11	检测维修汽车电动车窗系统	故障码再次检查	10分	正确读取并记录故障码	
				相关数据流内容	
				故障码再次清除	
12		零部件的拆装	9分	操作不当	
总分			100分		

学习任务6 检测维修汽车仪表系统

 学习目标：

☆知识目标

1. 掌握汽车仪表系统的组成和功能；
2. 掌握常规车型汽车仪表系统电路图读图方法；
3. 能够根据电路图描述汽车仪表系统的工作过程；
4. 能够通过查阅相关资料分析汽车仪表系统故障的原因。

☆技能目标

1. 根据故障现象，能够通过查阅相关资料，制订检测方案，利用解码器、测试灯、万用表等检测仪器对汽车仪表系统进行检测；
2. 根据维修手册技术要求对故障部件进行维修、更换。

 建议课时：

18课时。

学习任务6　检测维修汽车仪表系统

车主反映车辆前照灯远光功能失效,该车为雪佛兰科鲁兹自动挡轿车。维修人员对车外照明系统各项功能进行检查,除了车主反映的故障现象外,其他各项功能均正常,初步判断是由仪表系统故障引起的,需要对该车仪表系统进行检测。

请熟悉仪表系统电路图,并通过维修手册查找该系统有关熔断器、连接器、开关等安装位置,制订检测步骤,排除故障。

一　理论知识准备

(一)汽车仪表概述

汽车仪表一般由传感器、电脑及显示装置组成。电脑收集各传感器的信息,然后驱动显示设备显示相应的信息。传统仪表的显示装置大多是采用机械模拟式的显示设备,现在随着技术的发展,显示装置主要有步进电动机指针式设备和液晶显示设备,如图6-1所示。

图6-1　汽车仪表

仪表与显示系统组成

汽车仪表一般位于转向柱上部、仪表组装饰板内。仪表组中的仪表向驾驶员提供车辆性能信息。仪表组包括车速表、里程表、行程表、燃油表、冷却液温度表及各种指示灯。车速表用"km/h"测量车速,由仪表组上与变速驱动桥输出轴上的车速传感器相连接的表盘组成;里程表用"km"测量车辆生产后行驶的累计里程数,由仪表组上与变速驱动桥输出轴上的车速传感器相连接的表盘组成;行程表用于测量上次归零后车辆行驶的里程数,由仪表盘上与变速器输出轴上的车速传感器相连接的表盘组成,行程表可随时归零,因此驾驶员可从任何起点记录行驶的里程;燃油表由仪表组上与燃油箱中的传感器相连接的表盘组成,仅在点火开关接通或处于"ACC"(附件)位置时指示油箱中的燃油量,当点火开关拧到"LOCK"(锁定)或"START"(起动)位置时,指针可能指向任何位置;冷却液温度表由仪表组上与发动机冷却系统中的温度传感器相连接的表盘组成,指示冷却液温度。

仪表组中的指示灯指示车辆工作时系统的特定功能或可能出现的故障，提醒驾驶员车辆某系统可能出现故障。

❶ 燃油表

燃油表主要显示燃油剩余量，如图 6-2 所示。燃油表的测量仪设于油箱中，直接测量燃油剩余量。燃油表十分重要，能够提示驾驶员燃油剩余量及是否应去加油。

❷ 冷却液温度表

冷却液温度表主要显示汽车冷却水道中的冷却液温度。冷却液温度传感器设于发动机的冷却水道中，计量冷却液温度是否过高，从而提醒驾驶员，如图 6-3 所示。

❸ 车速表

车速表用来显示汽车行驶速度，一般分为机械式车速表和电子式车速表。机械式车速表靠一套齿轮软轴运转，以测量齿轮旋转获得数据；而电子式车速表则从变速器中的速度传感器获取资讯，以显示出车速，如图 6-4 所示。现代车辆上一般都装有车速警报器，当车速达到或超过某一设定值时，仪表内的警报器便发出蜂鸣警告或信息显示进行提醒。

图 6-2　燃油表　　　　图 6-3　冷却液温度表　　　　图 6-4　车速表

❹ 转速表

汽车、飞机或其他车辆上的转速计用来侦测发动机曲轴的转速，一般会有标示说明发动机转速的安全范围，可以帮助驾驶员调整到较佳的驾驶状态。发动机在高速下运转过久可能会导致润滑不足、过热（超过冷却系统的冷却能力）、发动机中零件（例如弹簧缩回阀）超过其转速能力，因此会产生额外的磨损导致发动机的永久损坏或失效，这种情形较常发生在搭载手动变速器的车辆上。部分转速表设计有一段红色区域，即所谓的红线，表示发动机运转已超过安全运转的范围，如图 6-5 所示。在现代车辆中，大多数都会用转速限制器，利用电子的方式来限制转速,以防止损坏,因此转速表上的红色区域大多数是多余的。

❺ 报警系统

现代车辆应用的报警系统有两种形式:一种是利用系统开关控制报警灯或指示灯,例如机油压力报警灯、远光指示灯等;另一种是由电脑控制,例如发动机故障报警、ABS 报警灯等。本任务主要介绍由系统开关控制的报警灯。

1)机油压力报警灯

机油压力报警灯(图 6-6)用于提醒驾驶员注意发动机的机油压力异常。机油压力传感器一般装在主油道上。

图 6-5　转速表　　图 6-6　机油压力报警灯

2)放电报警灯

蓄电池放电时,该报警灯点亮;当发电机的电压达到正常充电电压时,该报警灯熄灭。如果正常行驶时该报警灯点亮,能够提醒驾驶员充电系统功能有故障。放电报警灯如图 6-7 所示。

3)制动系统报警灯

制动系统报警灯用于指示已使用驻车制动器或制动液不足,如图 6-8 所示。

图 6-7　放电报警灯　　图 6-8　制动系统报警灯

4)ABS 指示灯

ABS 指示灯(图 6-9)用来显示 ABS 工作状况。当打开点火开关至"ON"位置,车辆自检时,ABS 灯会点亮数秒,随后熄灭。如果未闪亮或者起动后仍不熄灭,表明 ABS 出现故障。

5）安全带指示灯

安全带指示灯（图 6-10）用来显示安全带是否处于锁止状态。当该灯点亮时，说明安全带没有及时扣紧，有些车型会有相应的提示音；当安全带被及时扣紧后，该指示灯自动熄灭。

图 6-9　ABS 指示灯　　图 6-10　安全带指示灯

组合仪表结构

（二）科鲁兹轿车仪表

1　指示灯系统

对于科鲁兹轿车，当点火开关置于"ON"位置时会测试组合仪表的某些功能，以检验这些功能是否工作正常。科鲁兹轿车指示灯系统电路图如图 6-11 所示，其仪表指示灯如图 6-12 所示。

当点火开关置于"ON"位置时会出现以下情况：

（1）ABS 指示灯点亮片刻；

（2）气囊指示灯点亮片刻；

（3）蓄电池指示灯点亮片刻；

（4）制动指示灯点亮片刻；

（5）车门未关指示灯短暂点亮；

（6）燃油油位报警灯短暂点亮；

（7）机油压力报警灯短暂点亮；

（8）驻车辅助系统维修指示灯点亮片刻；

（9）接合离合器指示灯短暂点亮；

（10）安全指示灯点亮片刻；

（11）尽快维修车辆指示灯点亮片刻；

（12）车辆动态警告维修指示灯点亮片刻；

（13）车辆动态警告关闭指示灯点亮片刻。

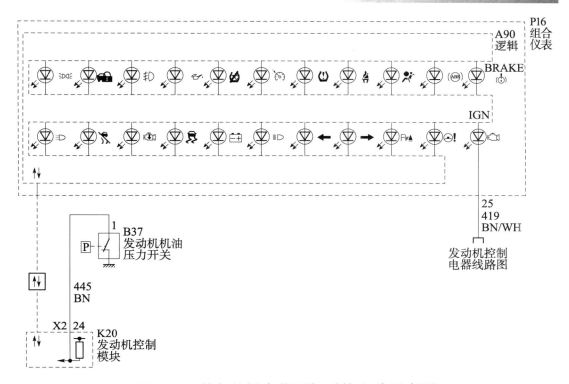

图 6-11　科鲁兹轿车指示灯系统电路示意图

图 6-12　科鲁兹轿车仪表指示灯

❷ 电源、搭铁、仪表和串行数据系统

电源、搭铁、仪表和串行数据系统电路示意图如图 6-13 所示。

1) 发动机冷却液温度表

组合仪表显示发动机控制模块 (ECM) 确定的发动机冷却液温度。发动机控制模块通过高速 CAN 总线信号将发动机冷却液温度信息发送给车身控制模块 (BCM)，然后车身控制模块通过低速 CAN 总线信号将信息发送给组合仪表，显示发动机冷却液温度。当出现下列情况时，发动机冷却液温度表默认为 40℃ (104℉) 或低于此温度：

(1) 发动机控制模块检测到发动机冷却液温度传感器电路故障；
(2) 车身控制模块检测到与发动机控制模块通信的串行数据丢失；
(3) 组合仪表检测到与车身控制模块通信的串行数据丢失。

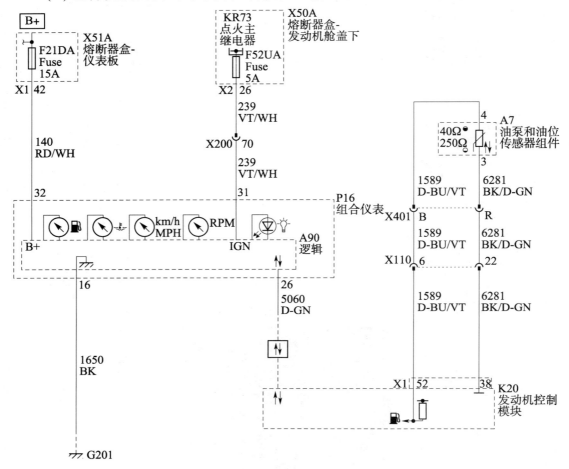

图 6-13 电源、搭铁、仪表和串行数据系统电路示意图

2) 燃油油位表

组合仪表根据来自发动机控制模块的信息显示燃油油位。发动机控制模块将来自燃油油位传感器的数据转换为燃油油位信号，通过高速 CAN 总线信号将燃油油位信号发送给车身控制模块，然后车身控制模块通过低速 CAN 总线信号将信息发送给组合仪表，显示燃油油位。如果燃油油位降至低于 11%，则组合仪表点亮燃油油位报警灯。在以下状态下，燃油表默认为已空：

(1) 发动机控制模块检测到燃油油位传感器电路故障；
(2) 车身控制模块检测到与发动机控制模块通信的串行数据丢失；
(3) 组合仪表检测到与车身控制模块通信的串行数据丢失。

学习任务 6　检测维修汽车仪表系统

3）车速表

组合仪表根据来自发动机控制模块的信息显示车速。发动机控制模块通过高速 CAN 总线信号将车速信息发送给车身控制模块,然后车身控制模块根据车辆要求,通过低速 CAN 总线信号将车速信息发送给组合仪表,以公里或者英里显示车速。若存在以下情况,车速表将默认为 0 km/h(0mile/h):

(1) 车身控制模块检测到与发动机控制模块通信的串行数据丢失;

(2) 组合仪表检测到与车身控制模块通信的串行数据丢失。

4）转速表

组合仪表根据来自发动机控制模块的信息显示发动机转速。发动机控制模块将来自发动机转速传感器的数据转换为发动机转速信号,通过高速 CAN 总线信号将发动机转速信息发送给车身控制模块,然后车身控制模块通过低速 CAN 总线信号将信息发送给组合仪表,显示发动机转速。如果发生下列情况,则转速表默认显示 0 r/min:

(1) 发动机控制模块检测到发动机转速传感器电路存在故障;

(2) 车身控制模块检测到与发动机控制模块通信的串行数据丢失;

(3) 组合仪表检测到与车身控制模块通信的串行数据丢失。

❸ 空气温度和驾驶员信息中心

科鲁兹轿车在组合仪表的中下方安装有一个显示屏,即驾驶员信息中心。其任务是提供附加信息,例如里程表、故障诊断码/警告信息等。驾驶员信息中心有 4 种开关功能:Menu(菜单)、Set/Clear(设置/清除)、Up(向上)、Down(向下),驾驶员信息中心电路示意图如图 6-14 所示。通过功能键可查阅驾驶员信息中心的各项数据,如燃油续驶力、平均燃油经济性、瞬时燃油经济性等。

1）车外空气温度

如果车辆未安装收音机,则在驾驶员信息中心显示车外空气温度;如果车辆上安装有收音机,则在中心架显示屏上显示车外空气温度。车外空气温度传感器与组合仪表直接相连,传感器的电阻随温度变化而变化。组合仪表读取电阻值以确定温度,温度更新的时间和速度基于组合仪表软件内的算法。组合仪表考虑上一读数、当前读数、车辆处于关闭/打开状态的持续时间、电源模式、车辆速度、行驶距离和传感器位置等所有因素以确定何时更新并在显示屏上显示车外空气温度,如图 6-15 所示。例如:如果传感器位于发动机舱附近,且车辆熄火时间仅持续 10min 又重新起动,则在显示屏更新之前,组合仪表需等待车辆行驶后获得流经传感器的更精确的气流量。

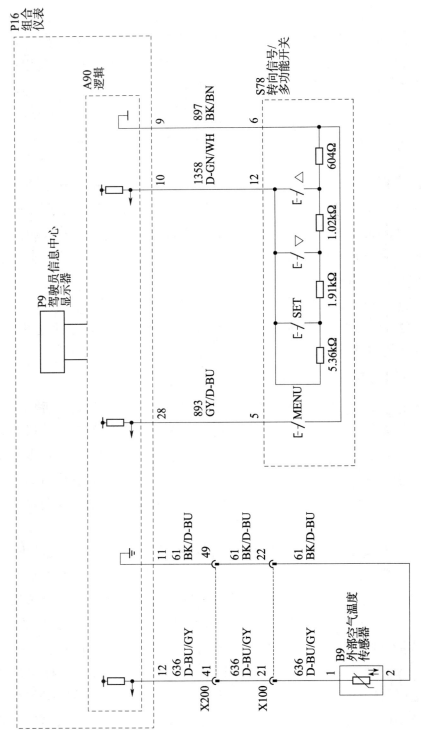

图 6-14 驾驶员信息中心电路示意图

学习任务 6 检测维修汽车仪表系统

图 6-15 车外温度

2) 燃油续驶力

此信息显示自上次蓄电池连接至组合仪表后,在当前燃油经济性和燃油油位条件下车辆能够行驶里程的估计值。使用下面的等式计算燃油续驶力:

$$燃油续驶力 = \frac{行驶距离}{已耗燃油}$$

发动机控制模块(ECM)向组合仪表发送燃油续驶力值,组合仪表接收到有关燃油信息的串行数据信息。在点火开关置于"OFF"位置期间燃油续驶力值保持不变,通过选择驾驶员信息中心的菜单选项,此模式值可以在欧洲 SI、美国和英国单位之间进行切换。燃油续驶力显示值无法复位,当燃油续航力低于预设值时,显示"LOW"(低)。

3) 平均燃油经济性

使用下面的等式计算平均燃油经济性:

$$平均燃油经济性 = \frac{行程}{燃油量}$$

发动机控制模块向组合仪表发送平均燃油经济性串行数据信息。在点火开关置于"OFF"位置期间此模式值保持不变,通过选择驾驶员信息中心的菜单选项,此模式值可以在英制和公制单位之间进行切换。

4) 瞬时燃油经济性

发动机控制模块向组合仪表发送瞬时燃油经济性串行数据信息。通过选择驾驶员信息中心的菜单选项,此模式值可以在英制和公制之间切换。

二 任务实施

1 准备工作

(1) 科鲁兹轿车维修手册。
(2) 万用表。
(3) 解码器。
(4) 科鲁兹轿车。

2 技术要求与注意事项

(1) 查阅维修手册,根据维修指导进行检测。

(2)在维修任何电气部件前,点火和起动开关必须置于"OFF"或"LOCK"位置,并且所有电气负载必须关闭,除非操作程序中另有说明。断开蓄电池负极电缆,以防止工具或设备接触裸露的电气端子而产生电火花。不遵守这些安全须知可能会导致人身伤害或车辆(车辆部件)损坏。

3 操作步骤

(1)将点火开关置于"ON"位置,观察故障诊断仪的"AmbientAirTemperature"(环境空气温度)参数。读数应该在 −40℃(−40℉)和 88℃(+190℉)之间,并随空气温度的变化而变化,如果读数不随空气温度的变化而变化,则继续进行下一步的电路检测。

故障诊断码说明如下:

DTC B0158 02,表明环境空气温度传感器电路对搭铁短路;

DTC B0158 05,表明环境空气温度传感器电路电压过高/开路。

(2)根据读取故障码及查阅维修手册确定故障范围,见表 6-1。

故障范围 表 6-1

电　　路	对搭铁短路	开路/电阻过大	对电压短路	信号性能
环境空气温度传感器信号	B0158 02	B0158 05	B0158 05	—
低电平参考电压	—	B0158 05	B0158 05	—

(3)将点火开关置于"OFF"位置,断开 B9 环境空气温度传感器上的线束连接器。

(4)将点火开关置于"ON"位置,测试信号电路端子 1 和搭铁之间的电压是否为 4.8~5.2V,见表 6-2。

环境空气温度传感器检测 表 6-2

测量部位	检测结果	结果判断
	高于规定范围	测试信号电路是否对电压短路。如果电路测试正常,则更换 P16 组合仪表

续上表

测量部位	检测结果	结果判断
	低于规定范围	测试信号电路是否对搭铁短路或开路/电阻过大。如果电路测试正常,则更换 P16 组合仪表

①在信号电路端子 1 和低电平参考电压电路端子 2 之间安装一条带 3A 熔断器的跨接线。确认故障诊断仪 "Ambient Air Temperature Sensor"(环境空气温度传感器)参数显示 0℃,见表 6-3。

环境空气温度传感器检测　　　　　　表 6-3

测量部位	检测结果	结果判断
	故障诊断仪 "Ambient Air Temperature Sensor"(环境空气温度传感器)参数显示 0℃	正常
	大于规定值	测试低电平参考电压电路是否对电压短路或开路/电阻过大。如果电路测试正常,则更换 P16 组合仪表

②如果所有电路测试正常,则测试或更换 B9 环境空气温度传感器。

三　学习拓展

❶ 准备工作

(1)科鲁兹轿车维修手册。

(2)科鲁兹轿车。

(3)常用拆装工具。

❷ 技术要求与注意事项

(1)正确检索资料。

(2)根据维修资料进行规范操作。

3 操作步骤

仪表板组合仪表装饰板更换的操作步骤见表6-4。

仪表板组合仪表装饰板的更换　　　　表6-4

示　意　图	操　作　步　骤
	步骤一:拆卸仪表板组合仪表装饰板盖
	步骤二:松开组合仪表下装饰板螺钉
	步骤三:松开转向柱上装饰盖
	步骤四:松开组合仪表螺钉 注意:必要时拆下组合仪表下装饰板
	步骤五:拆卸仪表板组合仪表总成

学习任务6 检测维修汽车仪表系统

四 评价与反馈

❶ 自我评价与反馈

通过对科鲁兹车型仪表系统的检修,你应该对科鲁兹车型仪表系统有了比较全面的认识。结合你的工作体会,正确回答下列问题。

(1)科鲁兹轿车驾驶员信息中心中不显示环境温度,且通过解码仪读取到故障码"DTC B0158 05:环境空气温度传感器电路电压过高/开路"。请根据读取故障码及查阅维修手册,确定故障范围有哪些。

_____

_____。

(2)实训过程完成情况如何?

_____

_____。

(3)通过本学习任务的学习,你认为自己的知识和技能还有哪些欠缺?

_____

_____。

签名:_____   ____年___月___日

❷ 小组评价与反馈

小组评价与反馈表见表6-5。

小组评价与反馈表　　　　　　　　　　　表6-5

序号	评价项目	评价情况
1	着装是否符合要求	
2	是否能够合理规范地使用仪器和设备	
3	是否按照安全和规范的流程操作	
4	是否遵守学习、实训场地的规章制度	
5	是否能够保持学习、实训场地的整洁	
6	团结协作情况	

参与评价的同学签名:_____   ____年___月___日

❸ 教师评价及反馈

_____

_____ 。

教师签名：_____　　　　____年___月___日

五 技能考核标准

技能考核标准表见表6-6。

技能考核标准表　　　　　　　　　　　表6-6

序号	项目	操作内容	规定分	评分标准	得分
1	检测维修汽车仪表系统	前期准备	8分	安装座椅套、地板垫、转向盘套	
				安装翼子板布	
				安装前格栅布	
				工具仪器准备	
2		安全检查	8分	安装车轮挡块	
				检查机油、冷却液	
				现场安全检查确认	
3		仪器连接	5分	点火开关关闭	
				正确连接诊断仪器	
4		故障码检查	10分	正确读取并记录故障码	
				相关数据流确认	
				故障码清除	
5		目视检查	5分	管线连接、机件状况	
6		确认故障症状	5分	检查系统各部件的工作情况	
7		故障码再次检查	10分	正确读取并记录故障码	
				相关数据流内容	
				故障码再次清除	

学习任务6 检测维修汽车仪表系统

续上表

序号	项目	操 作 内 容	规定分	评 分 标 准	得分
8	检测维修汽车仪表系统	元件测量	10分	正确查阅资料确认测试接头及线路	
				正确选择测量仪具	
				正确连接测量仪具	
				正确读取和记录数据	
				正确分析测量结果	
9		电路测量	10分	正确查阅资料确认测试接头及线路	
				正确选择测量仪具	
				正确连接测量仪具	
				正确读取和记录数据	
				正确分析测量结果	
10		故障点确认和排除	10分	正确说明故障点	
				正确排除故障点	
11		故障码再次检查	10分	正确读取并记录故障码	
				相关数据流内容	
				故障码再次清除	
12		零部件的拆装	9分	操作不当	
	总分		100分		

学习任务7 检测维修中控门锁和防盗系统

 学习目标：

☆知识目标

1. 掌握中控门锁和防盗系统的组成和功能；
2. 掌握常规车型中控门锁和防盗系统电路图读图方法；
3. 根据电路图描述中控门锁和防盗系统的工作过程；
4. 能够通过查阅相关资料分析中控门锁和防盗系统故障的原因。

☆技能目标

1. 根据故障现象，能够通过查阅维修手册，制订检测方案，使用解码器、测试灯、万用表等检测仪器对中控门锁和防盗系统进行检测；
2. 能够根据维修手册技术要求对故障部件进行维修、更换。

 建议课时：

18课时。

学习任务 7　检测维修中控门锁和防盗系统

科鲁兹轿车用遥控器遥控车门锁止时车门无法锁止,进入车内后用钥匙起动发动机,发动机无任何起动现象。

一　理论知识准备

(一)汽车中控门锁

汽车门锁是汽车车身的重要部件,其发展趋势是由机械式向电子化演变。汽车电子门锁、汽车电子密码点火锁和汽车电脑转向锁等都是汽车门锁实行电子控制的产物。

车内中控门锁开关一般安装在驾驶座旁边或前排车门上,是可以同时控制全车车门关闭与开启的一种控制装置。这种"中央门锁"控制装置早在20世纪70年代就已经装配在轿车上,经过20余年的时间已经应用得比较普遍了。车内中控门锁开关一般安装在车门或者中控台上,如图7-1所示。

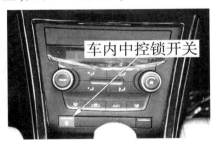

图 7-1　车内中控门锁开关

1　汽车中控门锁的分类与发展

汽车中控门锁的分类方法很多,既可以按照控制部分中主要元器件进行分类,也可以按照编码方式进行分类。目前汽车中控门锁主要有以下几类。

1)按键式电子锁

按键式电子锁采用键盘或组合按钮输入开锁密码,操作方便。内部控制电路常采用电子密码专用集成电路,此类产品包括按键式电子锁和按键式汽车点火锁。

2)拨盘式电子锁

拨盘式电子锁采用机械拨盘开关方式来输入开锁密码。很多按键式电子锁可以改造成拨盘式电子锁。

3）电子钥匙式电子锁

电子钥匙式电子锁采用电子钥匙来输入或作为开锁密码。电子钥匙是控制电路的重要组成部分，它可以由元器件搭成的单元电路组成，做成小型手持单元GAE形成。它与主控电路的联系有光、声、电、磁等多种形式。此类产品包括各种遥控汽车门锁、转向锁和点火锁以及电子密码点火钥匙。

4）触摸式电子锁

触摸式电子锁采用触摸方式输入开锁密码，操作简单。相较按键开关，触摸式电子锁使用寿命长、造价低，且优化了电子锁控制电路。装备这种锁的车门上没有一般的门把手，而代之以电子锁和触摸传感器。

5）生物特征式电子锁

生物特征式电子锁的特点是将声音、指纹等人体生物特征作为密码输入，由计算机进行模式识别，控制开锁。因此，生物特征式电子锁的智能化程度相当高。

从20世纪70年代开始，国外一些中高级轿车陆续采用了电控、电子门锁和电子密码点火开关。20世纪70～80年代，世界上汽车电子锁多采用按键式或拨盘式；20世纪80～90年代，汽车电子锁大多采用电子钥匙式；近年来触摸式汽车电子锁已开始应用，它是汽车电子门锁值得关注的一个发展方向。由于声控电话已在国外汽车上进入实用阶段，加之生物特征式电子锁技术的成熟，生物特征式电子锁必将加入汽车电子锁的行列。

❷ 中控门锁的功能

1）中央控制

当驾驶员锁住其身边的车门时，其他车门也同时锁住，驾驶员可通过门锁开关同时打开各个车门，也可单独打开某个车门。

2）速度控制

当行车速度达到一定值时，各个车门能自行锁上，防止乘员误操作车门把手而导致车门打开。

3）单独控制

除在驾驶员身边车门以外，还在其他门设置单独的弹簧锁开关，可独立地控制一个车门的打开和锁住。

❸ 汽车中控门锁结构

目前汽车上装用的中控门锁种类很多，其基本组成主要有门锁开关、门锁执行机构和门锁控制器,如图 7-2 所示。

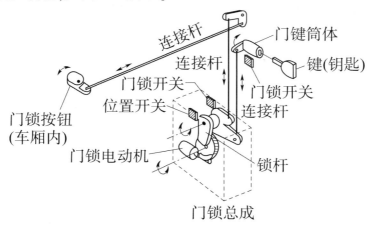

图 7-2　汽车门锁示意图

中控门锁组成

1)门锁开关

大多数中控的开关都是由总开关和分开关组成,总开关装在驾驶员身旁车门上,驾驶员操作总开关可将全车所有车门锁住或打开;分开关装在其他各个车门上,可单独控制一个车门。

2)门锁执行机构

中控门锁执行机构用于执行驾驶员的指令,将门锁锁止或开启。门锁执行机构有电磁式、直流电动机式和永磁电动机式三种,其工作原理都是通过改变磁极的方向,让电机转子的旋转发生变化,从而实现门锁执行机构的锁门或开锁动作。

(1)电磁式:内设 2 个线圈,分别用来开启、锁闭门锁,门锁集中操作按钮平时处于中间位置。当给锁门线圈通正向电流时,衔铁带动杆左移,门被锁住;当给开门线圈通反向电流时,衔铁带动连杆右移,门被打开。

(2)直流电动机式:通过直流电动机转动并经传动装置(传动装置有螺杆传动、齿条传动和直齿轮传动)将动力传给门锁锁扣,使门锁锁扣进行开启或锁止。由于直流电动机能双向转动,因此通过电动机的正反转实现门锁的锁止或开启。这种执行机构与电磁式执行机构相比,耗电量较小。

(3)永磁电动机式:永磁电动机多是指永磁型步电动机。它的作用与前两种基本相同,但结构差异较大。转子带有凸齿,凸齿与定子磁极径向间隙小而磁通量大。定子上带有轴向均布的多个电磁极,而每个电磁线圈按径向布置。定子周布铁芯,每个铁芯上绕有线圈,当电流通过某一相位的线圈时,该线圈的铁芯产生吸力,吸动转子上的凸齿对准定子线圈的磁极,转子将转动到最小的磁通处,即一步进位置。要使转子继续转动一个步进角,根据需要的转动方向向下一个相位的定子线圈输入一脉冲电流,转子即可转动。转子转动时,通过连接杆使门锁锁止或开启。

(二)汽车防盗系统

汽车防盗系统,是指为防止汽车本身或车上的物品被盗所设的系统。它由电子控制的遥控器或钥匙、电子控制电路、报警装置和执行机构等组成。最早的汽车门锁是机械式门锁,用于汽车行驶时防止车门自动打开而发生意外,只起行车安全作用,不起防盗作用。随着社会的进步、科学技术的发展和汽车保有量的不断增加,后来制造的轿车、货车车门都安装了带钥匙的门锁。这种门锁只控制一个车门,其他车门是靠车内门上的门锁按钮进行开启或锁止。

汽车防盗器是一种安装在车上、用来增加盗车难度、延长盗车时间的装置,是汽车的保护神。它通过将防盗器与汽车电路配接在一起,从而达到防止车辆被盗、被侵犯、保护汽车并实现防盗器各种功能的目的。随着科学技术的进步,为应付不断升级的盗车手段,人们研制出各种方式、不同结构的防盗器,防盗器按其结构不同可分四大类:机械式、电子式、网络式和芯片式。

1 机械式防盗器

机械式防盗器是市面上最简单、最廉价的一种防盗器形式,其原理也很简单,只是将转向盘和控制踏板或挡柄锁住。其优点是价格便宜、安装简便;缺点是防盗不彻底,每次拆装麻烦,不用时还要找地方放置。比较常见的机械式防盗器有:

汽车防盗系统分类

(1)转向盘锁。所谓转向盘锁就是大家熟悉的拐杖锁,如图7-3所示,它靠坚固的金属结构锁住汽车的操纵部分,使汽车无法开动。转向盘锁将转向盘与制动踏板连接在一起,或者直接在转向盘上加上限位铁棒使转向盘无法转动。市场上推出一种护盘式转向盘锁,以覆盖的方式将镍铝高强度合金钢横跨在转向盘的某二辐,在锁头上再接一根钢棒,防止窃贼使用暴力窃车。这种锁为隐藏式,有一层防锯防钻钢板保护,另外材质也比传统的拐杖锁坚固,锁芯也设计得更加精密。

(2)可拆卸式转向盘。该种防盗器材在市场上较拐杖锁少见,其整套配备包括底座、可拆式转向盘和专利锁帽盖。操作程序是:先将转向盘取下,将专利锁帽盖套在转向轴上。即使窃贼随便拿一个转向盘也无法安装在转向轴上。该类防盗锁的优点是不会破坏原车结构、故障率低、操作容易;缺点是车主必须找一

学习任务7 检测维修中控门锁和防盗系统

个空间隐藏拆下的转向盘。

(3)离合制动锁(可锁制动或者加速踏板)。离合制动锁是将汽车制动踏板或离合器踏板锁住并支撑稳,使其无法操控而防止车辆被盗,如图7-4所示。其特点是结构简单,不影响汽车的内饰和美观,但是夜间照明不良时,上锁就很困难。

图7-3 转向盘锁

图7-4 离合制动锁

(4)车轮锁。车轮锁是车体外用锁,锁在车轮上可以牢固地锁住汽车的轮胎,使车轮无法转动,从而防止汽车被盗,如图7-5所示。车轮锁一般锁在驾驶座一侧的前轮上,比车内锁具有更明显的震慑力,但是车轮锁笨重、体积大,携带不方便。

(5)防盗磁片。防盗磁片全称汽车车锁防盗防撬磁片或汽车防盗磁片,是用物理方法堵住汽车钥匙孔,依靠防盗磁片的强磁力吸到汽车车锁锁眼中,盖住锁芯(严丝合缝),以达到汽车车锁防撬盗的保护目的,如图7-6所示。该装置应用在汽车锁孔、锁芯的暴力防撬盗上,对防止暴力撬盗汽车车锁具有很好的效果。

图7-5 车轮锁

图7-6 防盗磁片

(6)变速器操纵杆锁。目前换挡杆锁成为多数车主的最爱,因为此防盗系统既简便又坚固,采用特殊高硬度合金钢制造,防撬、防钻、防锯,且独特采用了同材质镍银合金锁芯和钥匙,如图7-7所示。

图 7-7　变速器操纵杆锁

❷ 电子式防盗器

机械式防盗器结构比较简单、占用空间、不隐蔽，每次使用都要用钥匙开锁，比较麻烦，而且不太安全。因此，随着电子技术在汽车上的应用，电子式防盗器应运而生。

所谓电子防盗，简而言之就是给车锁加上电子识别，开锁配钥匙都需要与车辆进行密码通信的汽车防盗方式，如图 7-8 所示。它一般利用遥控技术，是随着电子技术的发展而迅速发展起来的一种防盗方式。电子式防盗器有如下四大功能：

图 7-8　汽车电子防盗

（1）防盗报警功能。防盗报警功能是指在车主遥控锁门后，报警器即进入警戒状态，此时如有人撬门或用钥匙开门，会立即引起防盗器鸣叫报警，吓阻窃贼行窃，这电子防盗器最大的优点，同时也是争议之处。因为它发出的"哇、哇"声在震慑盗贼的同时，也存在着扰民的弊端。北京和深圳等一些城市已经对电子式防盗器中的一种俗称"哇哇叫"的防盗器"亮了红牌"。

（2）车门未关安全提示功能。行车中若前车门未关妥，警示灯会连续闪烁数秒；汽车熄火遥控锁门后，若车门未关妥，车灯会不停闪烁，喇叭鸣叫，直至车门关好为止。

（3）寻车功能。车主用遥控器寻车时，喇叭断续鸣叫，同时伴有车灯闪烁提示。

（4）遥控中央门锁功能。当遥控器发射正确信号时，中央门锁自动开启或关闭。电子遥控防盗装置的遥控器、电子钥匙都有相对应的密码。遥控器发射部

学习任务 7　检测维修中控门锁和防盗系统

分采用微波/红外线系统,利用手持遥控器将密码信号发向停车位置,门锁系统接收开启,驾驶者进车后再将电子钥匙放入点火锁内,电子钥匙将内置密码发射至控制电路中的接收线圈,产生电感耦合令电路和油路启动,使汽车得以运行。

电子式防盗器两个最大的卖点就在于它的密码解锁和报警声,其中密码解锁根据密码发射方式的不同分为定码式和跳码式两种。定码式防盗器的特点是密码量少,工作原理主要是利用密码扫描器或解码器,通过它们接收到的空间无线电信号截取主机密码,从而通过复制解除防盗系统。

❸ GPS 防盗系统

与很多高端技术一样,GPS(Global Positioning System,全球定位系统)的"出身"也有着浓重的军事背景。20 世纪 70 年代,美国为了和苏联对抗,耗资 130 亿美元研发出 GPS,最初只是用于军事领域。1993 年后,美国国防部正式宣布 GPS 向全球免费开放使用,由于它先进的技术特点在很多方面和交通行业不谋而合,因此很快就被广泛地用于交通行业。

GPS 的工作原理是利用接收卫星发射信号与地面监控设备和 GPS 信号接收机组成全球定位系统,卫星星座连续不断发送动态目标的三维位置、速度和时间信息,保证车辆在地球上的任何地点、任何时刻都至少能收到卫星发出的信号。GPS 主要是靠锁定点火或启动来达到防盗的目的,同时还可通过 GPS 卫星定位系统,将报警处和报警车辆所在位置无声地传送到报警中心。因此,只要每辆移动车辆上安装的 GPS 车载机能正常工作,再配上相应的信号传输链路[如 GSM(Global System for Mobile Communications,全球移动通信系统)和电子地图],建一个专门接收和处理各个移动目标发出的报警和位置信号的监控室,就可形成一个卫星定位的移动目标监控系统,如图 7-9 所示。GPS 防盗系统有如下五大功能:

(1)定位功能。监控中心在全国范围内可随时监控某辆车的运营状况,可以 24h 不间断地检测目标车辆当前的运行位置、行驶速度和前行方向等数据。

(2)通信功能。GPS 适应信息时代的需求,在行车中可以为车主提供 GSM 网络上的全国漫游服务。车主可以随时随地与外界和服务中心保持联络。在实际使用过程中,对劫车者也具有震慑作用。另外,它的话费优惠和免提功能也更方便、更舒心。

(3)监控功能。如果万一不幸遇上劫匪,可以通过 GPS 配备的脚踏/手动报警、防盗报警等报警设施与监控中心取得联系。

(4)停驶功能。假若爱车不幸丢失,可以通过监控中心对它实行"远程控制"。监控中心在对失主所提供的信息和警情核实无误后能够遥控该车辆,对其实行断油、断电,再配合附近警方将困在车里动弹不得的窃贼绳之以法。

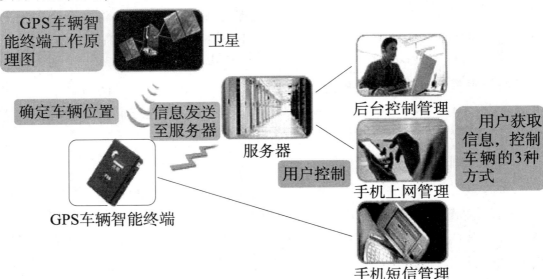

GPS车辆智能终端通过GSM无线网络发送位置以及相关信息至服务器,用户则可以通过登录网路联系服务器来获取车辆信息,也可以通过发送相关sms指令短信到GPS车辆智能终端上的手机号码来获取相关位置信息以及车辆状态

图 7-9　GPS 防盗系统

(5)调度功能。在车辆日渐增多的大城市遇上塞车怎么办?GPS同样可以帮忙。监控服务中心可以将当前的道路堵塞和交通信息进行广播,发布中文调度指令,提高客、货运输效率。

❹ 生物识别防盗锁

指纹锁是利用每个人不同的指纹图形特征制成的一种汽车门锁,如图7-10所示。制作时先在锁内安装车主的指纹图形,当车主开启车门时,只要将手指往门锁上一按,如果指纹图形相符,车门即开。

眼睛锁是利用视网膜图纹来控制的汽车门锁。这种锁内设有视网膜识别和记忆系统,车主开锁时只需凑近门锁看一眼,视网膜图形与记录相吻合时,车门会自动打

图 7-10　指纹锁

学习任务7　检测维修中控门锁和防盗系统

开,但缺点是价格昂贵。一般使用这种防盗系统的都是中高档轿车,经济型轿车一般不需要安装如此高档的防盗系统。

（三）科鲁兹轿车照中控门锁系统和防盗系统的组成及其作用

❶ 科鲁兹轿车中控门锁的组成

（1）门锁开关:用于控制门锁是处于锁止状态还是打开状态。

（2）门锁执行器:用于具体实现门锁的打开与锁止。

（3）熔断器及易熔丝:该电路根据额定容量大小区分为熔断器和易熔丝,当工作电流过大时,熔断器或易熔丝将熔断,以达到保护电路的效果。

（4）导线及连接器:连接器用于连接导线与导线、导线与开关、导线与执行器接插件,它由公母插头组成,一般通过锁扣固定连接,当解开锁扣后可以断开连接器。

❷ 科鲁兹轿车防盗系统的组成

（1）车身控制模块:防盗模块系统是车身控制模块的一部分,并在车身控制模块内进行控制。

汽车防盗系统组成

（2）ECM(Engine Control Module,发动机控制模块):当发动机控制模块接收到车身控制模块预解除密码时,发动机控制模块将校验该密码。发动机控制模块通过串行数据电路将该校验口令发送至车身控制模块,发动机控制模块和车身控制模块对此校验口令进行计算。如果车身控制模块计算结果与发动机控制模块计算结果匹配,则发动机控制模块将允许车辆起动。

（3）防盗模块天线:防盗模块天线包含环绕点火开关锁芯的防盗模块线圈。当钥匙插入点火开关时,线圈向点火钥匙内的遥控门锁发射器被动供电。供电后,钥匙将其特征值发送至防盗模块天线,然后特征值通过LIN串行数据电路传送至车身控制模块。防盗模块天线同时接收车身控制模块的B+和搭铁。

（4）点火钥匙:每一个点火钥匙包含一个带有独一无二加密值的无线电频率收发器。该无线电频率收发器的编码值是固定的,不能改变。防盗模块系统使用点火钥匙无线电频率收发器值来确定用于起动车辆的点火钥匙是否有效。

（5）安全指示灯:点火钥匙处于"ON"位置时,车身控制模块指令仪表板组合仪表点亮安全指示灯,以指示防盗模块系统内以及发动机起动停用时发生了故障。

(四)科鲁兹轿车中控门锁的电路工作过程

科鲁兹轿车门锁系统的工作状态是通过车身控制模块(K9)控制实现的,当门锁开关(S13D)进行打开或关闭动作时,门锁开关会接地,发送一个信号给K9,当K9接收到门锁开关的信号以后,发出指令控制所有门锁,实现门锁的打开与关闭。当汽车行驶时,门锁的锁止可以通过(A23D)驾驶员门闩锁总成上的门锁杆来锁止所有车门,同时也可以通过汽车遥控器发射信号给K9来实现车门锁的打开与锁止,如图7-11、图7-12所示。

(1)门锁的关闭:当K9发出门锁关闭信号时,K9/X5/4通过K9接通电源正极,K9/X5/1和K9/X5/2通过K9接通电源负极,门闩锁电动机开始工作,所有门锁关闭;当K9/X5/4通过K9接通电源正极,单独控制K9/X5/1接通电源负极时,只能实现驾驶员侧车门的锁止,其余三个车门门锁不可单独控制。

(2)门锁的打开:当K9发出门锁打开信号时,K9/X5/4通过K9接通电源负极,K9/X5/1和K9/X5/2通过K9接通电源正极,门闩锁电动机反转,控制所有门锁打开;当K9/X5/4通过K9接通电源负极,单独控制K9/X5/1接通电源极正极时,只能实现驾驶员侧车门的打开,其余三个车门门锁不可单独控制。

(3)行李舱门锁的打开:控制行李舱盖释放开关(S58A)时,行李舱释放开关接地,同时发送信号给K9,当K9接收到行李舱盖信号时,K9控制X5/11接地,KR95B继电器开始工作,KR95B/87与KR95B/30导通,M40电动机开始工作,实现了行李舱盖锁打开,继而行李舱打开,如图7-13所示。

(五)科鲁兹轿车防盗系统电路的工作过程

(1)遥控门锁:遥控钥匙发射器向遥控门锁接收器天线发射无线电频率,遥控门锁接收器天线接收到信号,与车身控制模块(BCM)进行通信。车身控制模块解释该信号并启动请求功能,控制门锁执行器工作,如图7-14所示。

(2)防盗模块:当点火钥匙插入点火开关锁芯并且点火开关置于"ON"位置时,钥匙中的无线电频率收发器将通过环绕点火开关锁芯上的防盗模块线圈通电。防盗模块线圈是防盗系统模块天线的一部分。无线电频率收发器发射一个包含其特征值的信号,该信号由车身控制模块通过防盗模块线圈接收,然后车身控制模块将该值与存储器中存储的值进行比较。车身控制模块也监测各种模块,以决定存储的环境识别符是否匹配,如图7-15所示。

如果环境识别符和无线电频率收发器接收的值匹配,则车身控制模块将通过串行数据发送预解除密码至发动机控制模块;如果编码特征值不正确或环境识别符不匹配,则车身控制模块将发送燃油禁用信息至发动机控制模块。

学习任务 7　检测维修中控门锁和防盗系统

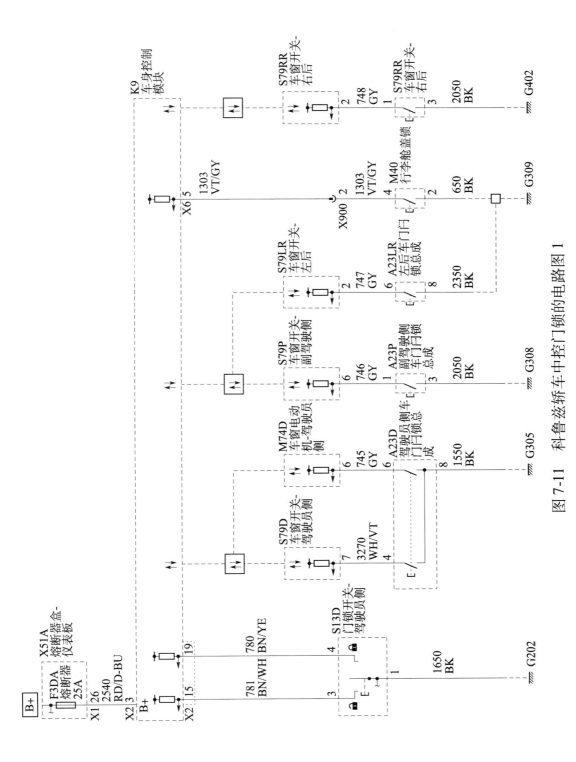

图 7-11　科鲁兹轿车中控门锁的电路图 1

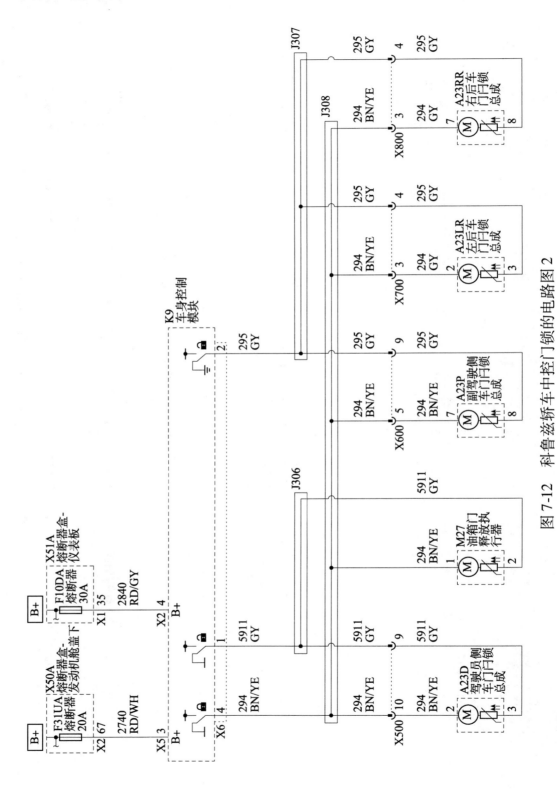

图 7-12 科鲁兹轿车中控门锁的电路图 2

学习任务7 检测维修中控门锁和防盗系统

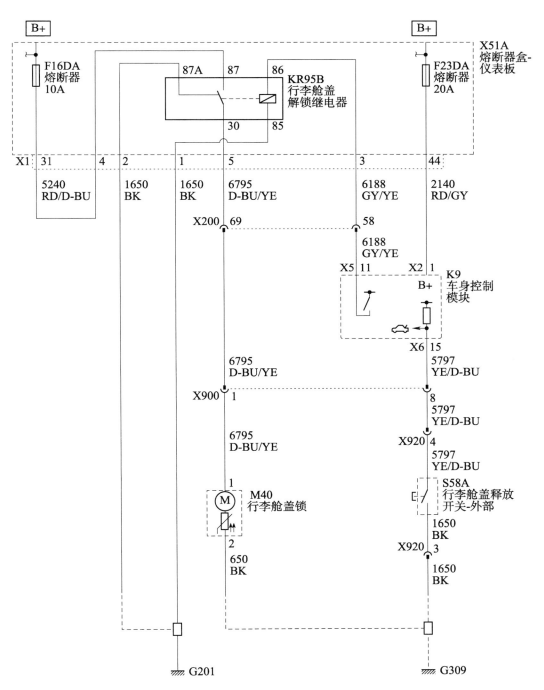

图7-13 行李舱门锁电路图

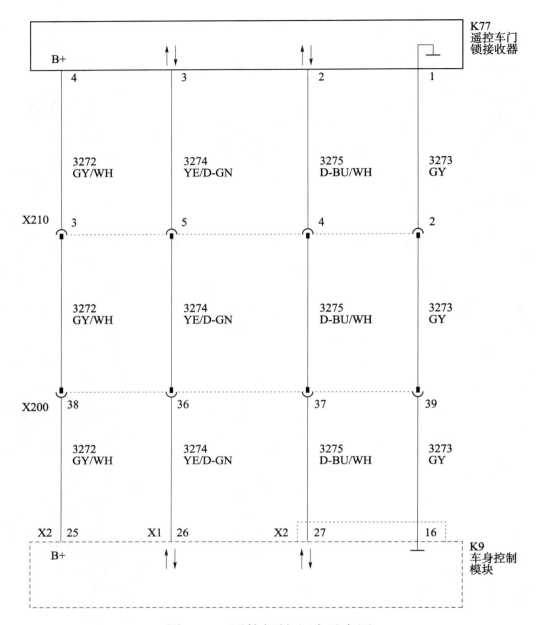

图 7-14 遥控门锁电路示意图

发动机控制模块接收到车身控制模块的预解除密码后,发动机控制模块将校验该密码。发动机控制模块通过串行数据将校验口令发送至车身控制模块,发动机控制模块和车身控制模块对此校验口令进行计算。如果车身控制模块计算的校验口令与发动机控制模块执行的计算结果相同,则发动机控制模块将允许车辆起动。

学习任务 7　检测维修中控门锁和防盗系统

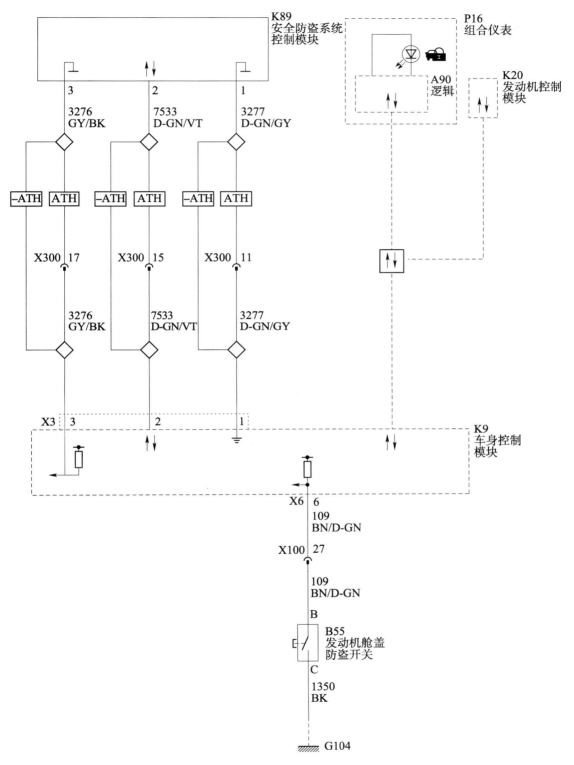

图 7-15　防盗模块

二 任务实施

（一）车门未关指示灯故障检测

1 准备工作

(1) 科鲁兹轿车维修手册。

(2) 万用表。

(3) 解码器。

(4) 科鲁兹轿车。

2 技术要求与注意事项

(1) 查阅维修手册，根据维修指导进行检测。

(2) 在维修任何电气部件前，点火和起动开关必须置于"OFF"或"LOCK"位置，并且所有电气负载必须关闭，除非操作程序中另有说明。断开蓄电池负极电缆，以防止工具或设备接触裸露的电气端子而产生电火花。不遵守这些安全须知可能会导致人身伤害或车辆(车辆部件)损坏。

3 操作步骤

(1) 根据故障现象查阅维修手册，确定故障范围，见表7-1。

故 障 范 围　　　　　　　　　　表7-1

电　路	对搭铁短路	开路/电阻过大	对电压短路	信 号 性 能
左前车门未关开关信号	2	1	1	—
左后车门未关开关信号	2	1	1	—
右前车门未关开关信号	2	1	1	—
右后车门未关开关信号	2	1	1	—
驾驶员侧车门锁闩搭铁	—	1	—	—

学习任务7 检测维修中控门锁和防盗系统

续上表

电　　路	对搭铁短路	开路/电阻过大	对电压短路	信 号 性 能
副驾驶侧车门锁闩搭铁	—	1	—	—
左后车门锁闩搭铁	—	1	—	—
右后车门锁闩搭铁	—	1	—	—

注：1 表示未关指示灯始终点亮；2 表示未关指示灯不工作。

(2)点火开关置于"ON"位置，在打开和关闭各车门时，观察故障诊断仪车身控制模块各车门未关参数，见表7-2。

车门未关指示灯故障检测　　　　　　　　　　　　　　表 7-2

测 量 部 位	检 测 结 果	结 果 判 断
	参数在"Active"（启动）和"Inactive"（未启动）之间变化	正常
	参数未变化	维修对应车门未关开关故障

(3)驾驶员侧车门未关开关故障。

①将点火开关置于"OFF"位置，断开 A23D 驾驶员侧车门锁闩总成的线束连接器。

②测试搭铁电路端子 8 和搭铁之间的电阻是否小于 10Ω，见表 7-3。

车门未关指示灯故障检测　　　　　　　　　　　　　　表 7-3

测 量 部 位	检 测 结 果	结 果 判 断
	小于 10Ω	正常
	大于规定范围	测试搭铁电路是否开路/电阻过大

③连接 S79D 驾驶员侧车窗开关的线束连接器。

④点火开关置于"ON"位置,确认故障诊断仪"Driver Door Ajar Switch"(驾驶员侧车门未关开关)参数为"Inactive"(未启动),见表 7-4。

车门未关指示灯故障检测　　　　　　　　表 7-4

测 量 部 位	检 测 结 果	结 果 判 断
	未启动	更换 M74D 驾驶员侧车窗电动机
	不是规定值	测试信号电路端子 6 是否对搭铁短路

⑤在信号电路端子 6 和搭铁之间安装一条带 3A 熔断器的跨接线。确认故障诊断仪"Driver Door Ajar Switch"(驾驶员侧车门未关开关)参数为"Active"(启动),见表 7-5。

车门未关指示灯故障检测　　　　　　　　表 7-5

测 量 部 位	检 测 结 果	结 果 判 断
	启动	更换 M74D 驾驶员侧车窗电动机
	不是规定值	测试信号电路是否对电压短路或开路/电阻过大

⑥如果所有电路测试正常,则测试或更换 A23D 驾驶员侧车门锁闩总成。

(二)行李舱释放系统检测

1 准备工作

(1)科鲁兹轿车维修手册。

(2)万用表。

(3)解码器。

学习任务7 检测维修中控门锁和防盗系统

(4)科鲁兹轿车。

2 技术要求与注意事项

(1)查阅维修手册,根据维修指导进行检测。

(2)在维修任何电气部件前,点火和起动开关必须置于"OFF"或"LOCK"位置,并且所有电气负载必须关闭,除非操作程序中另有说明。断开蓄电池负极电缆,以防止工具或设备接触裸露的电气端子而产生电火花。不遵守这些安全须知可能会导致人身伤害或车辆(车辆部件)损坏。

3 操作步骤

(1)根据故障现象查阅维修手册,确定故障范围,见表7-6。

故 障 范 围　　　　　　　　　　　　　　表7-6

电　　路	对搭铁短路	开路/电阻过大	对电压短路	信 号 性 能
行李舱盖解锁继电器 B+	2	2	—	—
后部关闭装置把手开关打开信号	B3618 00	1	1	—
举升门玻璃/行李舱电动机释放控制	B3265 02	B3265 04	B3265 01	—
行李舱盖锁闩控制	2	2	2	—
行李舱盖释放开关搭铁	—	1	—	—
行李舱盖锁闩搭铁	—	2	—	—
行李舱盖解锁继电器搭铁	—	B3265 04	—	—

注:1 表示行李舱盖释放开关故障;2 表示行李舱盖释放故障。

(2)行李舱释放开关不工作。

①将点火开关置于"OFF"位置,断开后牌照灯线束的 X920 直列式连接器。

②测试搭铁电路端子 3 和搭铁之间的电阻是否小于 5Ω,见表 7-7。

行李舱释放系统检测　　　　　　　　　　表 7-7

测 量 部 位	检 测 结 果	结 果 判 断
	小于 5Ω	正常
	大于规定值	测试搭铁电路是否开路/电阻过大

③将点火开关置于"ON"位置,确认故障诊断仪"Trunk Lid/Liftgate Window Exterior Unlatch Switch"(行李舱盖/举升门车窗外部解锁开关)参数为"Inactive"(未启动),见表 7-8。

行李舱释放系统检测　　　　　　　　　　表 7-8

测 量 部 位	检 测 结 果	结 果 判 断
	未启动	更换 K9 车身控制模块
	不是规定值	测试信号电路端子 4 是否对搭铁短路

④在信号电路端子 4 和搭铁电路端子 3 之间安装一条带 3A 熔断器的跨接线。确认故障诊断仪"Trunk Lid/Liftgate Window Exterior Unlatch Switch"(行李舱盖/举升门车窗外部解锁开关)参数为"Active"(启动),见表 7-9。

行李舱释放系统检测　　　　　　　　　　表 7-9

测 量 部 位	检 测 结 果	结 果 判 断
	启动	更换 K9 车身控制模块
	不是规定值	维修信号电路是否对电压短路或开路/电阻过大故障

学习任务 7　检测维修中控门锁和防盗系统

⑤如果所有电路测试正常,则维修或更换后牌照灯的线束。

三　学习拓展

❶ 准备工作

(1)科鲁兹轿车维修手册。

(2)科鲁兹轿车。

(3)常用拆装工具。

❷ 技术要求与注意事项

(1)正确检索资料。

(2)根据维修资料进行规范操作。

❸ 操作步骤

行李舱盖锁闩更换操作步骤见表 7-10。

行李舱盖锁闩的更换　　　　表 7-10

示　意　图	操　作　步　骤
	步骤一:使用平刃工具拉起并松开行李舱盖锁闩盖
	步骤二:拆下行李舱盖内装饰板固定件
	步骤三:拆下行李舱盖内装饰板

续上表

示　意　图	操作步骤
	步骤四：断开线束连接器
	步骤五：拆下行李舱盖锁闩螺栓，更换行李舱盖锁闩

四　评价与反馈

1 自我评价与反馈

通过对科鲁兹车型中控门锁与防盗系统的检修，你应该对中控门锁与防盗系统有了比较全面的认识。结合你的工作体会，正确回答下列问题。

(1)当左前车门未关开关信号线开路/电阻过大时，可能导致的故障现象有哪些？

_____

_____。

(2)实训过程完成情况如何？

_____

_____。

(3)通过本学习任务的学习，你认为自己的知识和技能还有哪些欠缺？

_____

_____。

签名：_____　　　　____年____月____日

2 小组评价与反馈

小组评价与反馈表见表7-11。

学习任务7 检测维修中控门锁和防盗系统

小组评价与反馈表　　　　　　　　表7-11

序号	评价项目	评价情况
1	着装是否符合要求	
2	是否能够合理规范地使用仪器和设备	
3	是否按照安全和规范的流程操作	
4	是否遵守学习、实训场地的规章制度	
5	是否能够保持学习、实训场地的整洁	
6	团结协作情况	

参与评价的同学签名：＿＿＿＿＿＿＿＿＿＿　　　＿＿年＿＿月＿＿日

❸ 教师评价及反馈

＿＿。

教师签名：＿＿＿＿＿＿＿＿＿＿　　　＿＿年＿＿月＿＿日

五 技能考核标准

技能考核标准表见表7-12。

技能考核标准表　　　　　　　　表7-12

序号	项目	操作内容	规定分	评分标准	得分
1	检测维修汽车中控门锁与防盗系统	前期准备	8分	安装座椅套、地板垫、转向盘套	
				安装翼子板布	
				安装前格栅布	
				工具仪器准备	
2		安全检查	8分	安装车轮挡块	
				检查机油、冷却液	
				现场安全检查确认	
3		仪器连接	5分	点火开关关闭	
				正确连接诊断仪器	

续上表

序号	项目	操作内容	规定分	评分标准	得分
4	检测维修汽车中控门锁与防盗系统	故障码检查	10 分	正确读取并记录故障码	
				相关数据流确认	
				故障码清除	
5		目视检查	5 分	管线连接、机件状况	
6		确认故障症状	5 分	检查系统各部件的工作情况	
7		故障码再次检查	10 分	正确读取并记录故障码	
				相关数据流内容	
				故障码再次清除	
8		元件测量	10 分	正确查阅资料确认测试接头及线路	
				正确选择测量仪具	
				正确连接测量仪具	
				正确读取和记录数据	
				正确分析测量结果	
9		电路测量	10 分	正确查阅资料确认测试接头及线路	
				正确选择测量仪具	
				正确连接测量仪具	
				正确读取和记录数据	
				正确分析测量结果	
10		故障点确认和排除	10 分	正确说明故障点	
				正确排除故障点	
11		故障码再次检查	10 分	正确读取并记录故障码	
				相关数据流内容	
				故障码再次清除	
12		零部件的拆装	9 分	操作不当	
		总分	100 分		

参考文献

[1] 凌晨. 汽车电气设备构造与维修[M]. 天津:天津科学技术出版社,2010.

[2] 周建平. 汽车电气设备构造与维修[M]. 北京:人民交通出版社,2012.

[3] 刑春霞. 汽车构造与拆装[M]. 北京:人民交通出版社,2013.

[4] 凌永成,李淑英. 汽车电气设备[M]. 北京:北京大学出版社,2010.

[5] 覃维献. 汽车电气设备与检修[M]. 北京:人民邮电出版社,2015.

[6] 麻友良. 汽车照明、信号及仪表系统原理与故障检修实例[M]. 北京:机械工业出版社,2015.

[7] 秦航,杨良根. 汽车电器设备构造与检修[M]. 重庆:重庆大学出版社,2020.

[8] 宋文玺,马军,冯斌. 汽车电器设备构造与检修[M]. 西安:西安交通大学出版社,2020.

[9] 刘景军,吕翔,曾鑫,等. 汽车电器检测技能实训[M]. 北京:人民邮电出版社,2020.